Bibliografische Information der Deutschen Nationalbibliothek:

Die Deutsche Bibliothek verzeichnet diese Publikation in der Deutschen National-
bibliografie; detaillierte bibliografische Daten sind im Internet über http://dnb.d-
nb.de/ abrufbar.

Impressum:

Copyright © 2014 GRIN Verlag, Open Publishing GmbH
Druck und Bindung: Books on Demand GmbH, Norderstedt Germany
ISBN: 9783668485778

Dieses Buch bei GRIN:

http://www.grin.com/de/e-book/369023/konzeption-einer-sicheren-skalierbaren-
und-hochverfuegbaren-fileservice

Eugen Grinschuk

Konzeption einer sicheren, skalierbaren und hochver-
fügbaren Fileservice Cloud-Lösung mit verschlüsselter
Übertragung

Konzeption einer Enterprise File Sync and Share (EFSS) Lösung

GRIN Verlag

GRIN - Your knowledge has value

Der GRIN Verlag publiziert seit 1998 wissenschaftliche Arbeiten von Studenten, Hochschullehrern und anderen Akademikern als eBook und gedrucktes Buch. Die Verlagswebsite www.grin.com ist die ideale Plattform zur Veröffentlichung von Hausarbeiten, Abschlussarbeiten, wissenschaftlichen Aufsätzen, Dissertationen und Fachbüchern.

Besuchen Sie uns im Internet:

http://www.grin.com/

http://www.facebook.com/grincom

http://www.twitter.com/grin_com

Bachelor-Arbeit

Thema:

Konzeption einer sicheren, skalierbaren und hochverfügbaren Fileservice Cloud-Lösung mit verschlüsselter Übertragung

Bachelor-Arbeit, vorgelegt zur Erlangung des Zeugnisses über die Bachelorprüfung im Studiengang Wirtschaftsinformatik

Eugen Grinschuk

Inhaltsverzeichnis

Abbildungsverzeichnis IV

Tabellenverzeichnis... V

Abkürzungsverzeichnis VI

1 Einleitung 1

   1.1 Motivation der Arbeit 2

   1.2 Darstellung von Ziel und Aufbau der Arbeit..................................... 2

   1.3 Vorstellung des Unternehmens 3

2 Grundlagen zu Cloud-Computing 5

   2.1 Cloud-Computing Bereitstellungsarten und Schichten 5

      2.1.1 Private Cloud 6

      2.1.2 Public Cloud 7

      2.1.3 Hybrid Cloud.. 7

      2.1.4 Community Cloud 8

      2.1.5 Cloud-Computing Service Modelle 8

   2.2 Vor- und Nachteile von Cloud-Computing....................................... 11

   2.3 Sicherheit 13

      2.3.1 Kryptografie 14

      2.3.2 SSL/TLS 16

      2.3.3 SSL-Zertifikate... 18

      2.3.4 Zertifikatsserver und PKI 19

      2.3.5 Datenschutz und Datensicherheit... 19

      2.3.6 Authentifizierung und Autorisierung.. 20

   2.4 Wichtige Eigenschaften von Cloud Computing 20

      2.4.1 Hochverfügbarkeit 21

      2.4.2 Skalierbarkeit... 23

      2.4.3 Performance 23

3 Analyse möglicher Komponenten einer Fileservice Cloud-Lösung....24

   3.1 Kurze Diskussion zu den Komponenten, die in Betracht kommen 25

   3.2 Virtualisierungssoftware 26

   3.3 Fileservice Cloud-Lösung.. 29

   3.4 Zusammenfassung der analysierten Komponenten 39

4 Architekturvorschläge zur Lösung 40

   4.1 Kritische Diskussion verschiedener Architekturvorschläge 41

4.2 Ausgewählter Architekturvorschlag für die Fileservice Cloud-Lösung. 44

4.3 Clients und mobile Endgeräte 52

4.4 Spezielle Aspekte der Sicherheit.. 52

    4.4.1 Netzwerk... 52

    4.4.2 Server.. 53

    4.4.3 Desktop Clients und Laptops... 54

    4.4.4 Mobile Endgeräte 55

    4.4.5 PKI.. 56

4.5 Vor- und Nachteile der Architekturvorschläge 56

5 Wirtschaftliche Betrachtung **59**

5.1 Vor- und Nachteile der Architekturvorschläge 60

5.2 Kostenentwicklung 63

5.3 Multitenancy 63

5.4 Wirtschaftlichkeitsrechnung.. 64

6 Zusammenfassung **68**

6.1 Kritische Würdigung 69

6.2 Ausblick.. 70

A Anhang **71**

Literaturverzeichnis... **IV**

Abbildungsverzeichnis

Abbildung 1 - Cloud allgemein 6
Abbildung 2 - Cloud-Computing Service Modelle 8
Abbildung 3 - SSL-Handshake...17
Abbildung 4 - gültiges SSL-Zertifikat von Verisign 18
Abbildung 5 - Beispiel für Verfügbarkeitsberechnung 22
Abbildung 7 - Auswahl Storage Typ..31
Abbildung 8 - Architekturvorschlag 1 - grober Überblick..............................42
Abbildung 9 - Architekturvorschlag 2 - grober Überblick..............................43
Abbildung 10 - Architekturvorschlag 3 - grober Überblick............................44
Abbildung 11 - grobes Architekturbild der Fileservice Cloud-Lösung...........46
Abbildung 12 - Detail Architekturbild der Fileservice Cloud-Lösung 51
Abbildung 13 - Berechnung Preis pro GB ohne Gewinnzuschlag.................66
Abbildung 14 - Anhang Preisanfrage Ctera 71
Abbildung 15 - Anhang Preisanfrage Citrix..72
Abbildung 16 - Anhang Preisanfrage Gladinet...73
Abbildung 17 - Anhang Preisanfrage SME 74
Abbildung 18 - Anhang Preisanfrage NetApp Seite 1 75
Abbildung 19 - Anhang Preisanfrage NetApp Seite 2 76
Abbildung 20 - Anhang Preisanfrage EMC Seite 1 77
Abbildung 21 - Anhang Preisanfrage EMC Seite 2 78
Abbildung 22 - Anhang Dell DAS Preisangebot Seite 1................................79
Abbildung 23 - Anhang Dell DAS Preisangebot Seite 2................................80
Abbildung 24 - Anhang Dell DAS Preisangebot Seite 3................................81
Abbildung 25 - Anhang Preisanfrage Hitachi 82
Abbildung 26 - Anhang Berechnung der netto nutzbaren Kapazität 83
Abbildung 27 - Anhang Berechnung der Erweiterungskosten 84
Abbildung 28 - Berechnung der netto nutzbaren Kapazität Formeln 84
Abbildung 29 - Anhang Formeln für Berechnung der Erweiterungskosten ...85
Abbildung 30 - Anhang Berechnung Architekturvorschlag 3.........................86
Abbildung 31 - Anhang Berechnung Architekturvorschlag 3 Formeln...........86
Abbildung 32 - Anhang Personalkostenberechnung für 2015.......................88
Abbildung 33 - Anhang Personalkostenberechnung für 2015 Formeln.........89
Abbildung 34 - Anhang GB-Preis mit Gewinnzuschlag Formeln...................89
Abbildung 35 - GB-Preis mit Gewinn- und Risikozuschlag Formeln 90

Tabellenverzeichnis

Tabelle 1 - Vor- und Nachteile von Cloud-Computing...................................13

Tabelle 2 - Verfügbarkeitsklassen...22

Tabelle 3 - Auswahl der Servervirtualisierungssoftware 27

Tabelle 4 - Auswahl Storage Hersteller 32

Tabelle 5 - Übersicht Skalierbarkeit und Kosten der Storage Hersteller.......33

Tabelle 6 - Auswahl Fileservice Cloud-Software 35

Tabelle 7 - Übersicht der ausgewählten Komponenten 40

Tabelle 8 - Übersicht der gegebenen Komponenten 40

Tabelle 9 - Technische Vor- und Nachteile der Architekturvorschläge 59

Tabelle 10 - Wirtschaftliche Vor- und Nachteile der Architekturvorschläge ..62

Tabelle 11 - Berechnung GB-Preis inklusive Gewinnzuschlag 67

Tabelle 12 - Berechnung GB-Preis inklusive Gewinn- und Risikozuschlag ..67

Abkürzungsverzeichnis

24/7	24 Stunden am Tag und an 7 Tagen der Woche
ACID	Atomicity, Consistency, Isolation, Durability
AD	Active Directory
AG	Aktiengesellschaft
BASE	Basically Available, Soft State, Eventual consistency
BAV	Betriebliche Altersversorgung
BDSG	Bundesdatenschutzgesetz
BG	Berufsgenossenschaft
BSI	Bundesamt für Sicherheit in der Informationstechnik
BYOD	Bring-Your-Own-Device
CAP	Atomic Consistency, Availability, Partition Tolerance
CIFS	Common Internet File System
CRM	Customer Relationship Management
CSA	Customer Service Area
CPU	Central Processor Unit
DAS	Direct Attached Storage
DC	Domänencontroller
DP	Double Parity
DFS	Distributed File System
DMZ	Demilitarisierte Zone
DNS	Domain Name System
ERP	Enterprise Resource Planning
FC	Fibre Channel
FTE	Full-time equivalent
GB	Gigabyte
Gbit	Gigabit
GmbH	Gesellschaft mit beschränkter Haftung
HRG	Harvard Research Group
HTTP	Hypertext Transfer Protokoll
HTTPS	Hypertext Transfer Protocol Secure
IaaS	Infrastructure as a Service
IIS	Internet Information Services

iSCSI	internet Small Computer System Interface
IT	Informationstechnologie
LAN	Local Area Network
LUN	Logical Unit Number
MAC	Message Authentication Code
MDM	Mobile Device Management
MTBF	Mean Time Between Failure
MTTF	Mean Time To Failure
MTTR	Mean Time To Repair
NAS	Network Attached Storage
NSA	National Security Agency
NTFS	New Technology File System
OPS Area	Operations Area
OS	Operating System
PaaS	Platform as a Service
PB	Petabyte
PIN	Persönliche Identifikationsnummer
PKI	Public Key Infrastructure
RAID	Redundant Array of Independent Disks
ROI	Return on Investment
SaaS	Software as a Service
SAN	Storage Area Network
SAS	Serial Attached SCSI
SATA	Serial Advanced Technology Attachment
SCM	Supply Chain Management
SCSI	Small Computer System Interface
SIM	Subscriber Identity Module
SLA	Service Level Agreement
SMB	Server Message Block
SQL	Structured Query Language
SSD	Solid State Drives
SSL	Secure Socket Layer
SCVMM	System Center Virtual Machine Manager
TB	Terrabyte

TLS	Transport Layer Security
TTM	Time-to-Market
US	United States
VM	Virtuelle Maschine
VoIP	Voice over IP
VPN	Virtual Private Network
VWL	Vermögenswirksame Leistung
WebDAV	Web-based Distributed Authoring and Versioning
WLAN	Wireless Local Area Network
WSUS	Windows Server Update Services

1 Einleitung

In der heutigen Zeit gehört das mobile Arbeiten zum Alltag. Auch die Anzahl der verschiedenen Geräte, mit denen die Arbeit im und außerhalb des Büros erledigt werden kann, ist gestiegen. Durch diese geschaffenen Möglichkeiten des Arbeitens steigen die Anforderungen an die Informationstechnologie (IT). Neben einer hohen Flexibilität der IT wird eine Ausfallsicherheit, Sicherheit vor Unbefugten sowie das gleichzeitige Arbeiten an den gleichen Daten von mehreren unterschiedlichen Geräten von überall aus erwartet. Um diesen Anforderungen gerecht zu werden, befindet sich die IT im ständigen Wandel und entwickelt sich mit sehr großer Geschwindigkeit weiter, sodass viele Innovationen entstehen, die ein effizientes und gemeinsames Arbeiten ermöglichen und zugleich erleichtern. Außerdem wird weiterhin versucht, möglichst viel Standardisierung in IT-Lösungen zu betreiben, um die Kosten und damit Preise für die angebotenen Produkte seitens der Anbieter zu senken sowie die Kosten für die IT aufseiten des Kunden zu reduzieren. Daher wurde Cloud-Computing entwickelt, um als IT-Anbieter all diesen Anforderungen Rechnung tragen zu können. Die Entwicklung von Cloud-Computing wurde aufgrund der heute zur Verfügung stehenden Technologien ermöglicht, vor allem durch die ständig höher werdende Bandbreite sowie die erhöhte Anzahl an immer leistungsfähiger werdenden mobilen Endgeräte und sich damit verändernder Arbeitsweise.

Mögliche Einsatzgebiete von Cloud-Computing beginnen bereits bei den täglich nutzenden Diensten, auch im privaten Bereich. Soziale Netzwerke, E-Commerce, Online-Speicher oder Anwendungen aus dem Internet sind typische Cloud-Computing Dienste[1]. Im beruflichen Alltag sind Dienste aus der Cloud beispielsweise bei der Personalabrechnung, Speicherkapazität und Infrastruktur, Anwendungen sowie Supply Chain Management (SCM), Customer-Relationship-Management (CRM) oder Enterprise Resource Plan-

---

[1] Baun, et al., 2011, S. 43 - 73

ning (ERP) Systeme anzutreffen[2]. Daher ist Cloud-Computing nicht mehr nur ein Trend, sondern wird in vielen Unternehmen bereits umgesetzt[3].

1.1 Motivation der Arbeit

Die Motivation dieser Arbeit ist, dass bei dem Unternehmen Mustermann International GmbH derzeit zwar ein Cloud-Produkt besteht, dieses jedoch den Dienst Fileservice als einen klassischen Dienst enthält und dieser somit nicht Cloud-fähig ist. Um am Markt weiterhin erfolgreich zu sein, muss auch der Dienst Fileservice Cloud-fähig verfügbar gemacht werden, da Fileservice ein wichtiger Bestandteil eines nahezu jeden Unternehmens ist, um dort die verschiedensten Daten zu speichern. Außerdem muss es ermöglicht werden, jederzeit von jedem mobilen Endgerät aus, auf die notwendigen Daten zuzugreifen. Deshalb ist die Verzahnung von Fileservice mit den unterschiedlichen Desktop- und mobilen Endgeräten unabdingbar. Auch die Offline-Verfügbarkeit der Daten, um mit diesen während Reiseaktivitäten arbeiten zu können, muss ermöglicht werden.

1.2 Darstellung von Ziel und Aufbau der Arbeit

Das Ziel dieser Arbeit ist es, ein Konzept einer sicheren, skalierbaren und hochverfügbaren Fileservice Cloud-Lösung mit verschlüsselter Übertragung zu beschreiben. Dabei soll ein Architekturvorschlag im Detail ausgearbeitet werden. Darüber hinaus sollen weitere Architekturvorschläge unterbreitet und wirtschaftlich gegenübergestellt werden, um diese kritisch zu betrachten, da Kosten eine sehr wichtige Rolle in der Kalkulation des Produktpreises einnehmen und dieser wiederum am Markt eine sehr hohe Stellung hat. Mögliche Teilziele sind dabei die Information über neuartige Technologien und Lösungen im Bereich Cloud-Computing sowie die Erweiterung der bisher angedachten Architekturvorschläge. Darüber hinaus soll ein besseres Ver-

---

[2] Metzger, Reitz & Villar, 2011, S. 3 - 11
[3] Vossen, Haselmann & Hoeren, 2012, S. 7 - 9

ständnis für die Wirtschaftlichkeit von IT allgemein als auch Cloud-Computing und Outsourcing erarbeitet werden. Um die beschriebenen Ziele und Teilziele zu erreichen, werden bei der Recherche Fachbücher und Quellen aus dem Internet herangezogen. Außerdem werden Wirtschaftlichkeitsberechnungen angestellt, um die Kosten und Wirtschaftlichkeit des jeweiligen Architekturvorschlags zu errechnen und gegenüberzustellen. Um die Kosten möglichst genau errechnen zu können, werden Anfragen bezüglich Beispielangebote bei den jeweiligen Herstellern gestellt.

Der Aufbau der Arbeit ist so gewählt, dass zu Beginn in Kapitel 2 zunächst wichtige Grundlagen behandelt werden, die für ein leichteres Verständnis der weiteren Arbeit notwendig sind. In Kapitel 3 wird die Auswahl und Analyse der unterschiedlichen Komponenten, welche für die Cloud-Lösung benötigt werden, behandelt. Kapitel 4 widmet sich anschließend eines Architekturvorschlags der angedachten Cloud-Lösung sowie möglicher Alternativen. Die wirtschaftliche Betrachtung der in dieser Arbeit konzipierten Cloud-Lösung findet sich in Kapitel 5 wieder. Abschließend wird in Kapitel 6 eine Zusammenfassung, eine kritische Würdigung sowie ein Ausblick auf ein weiteres mögliches Vorgehen gegeben.

1.3 Vorstellung des Unternehmens

Das Unternehmen Mustermann International GmbH ist ein Tochterunternehmen der Musterfrau AG. Der Mutterkonzern Musterfrau AG vertreibt den Telekommunikationsdienst Festnetz, Voice over IP (VoIP), Internetzugang sowie Fernsehen über das Internet. Die Mustermann International GmbH ist in verschiedenen Bereichen der Informations- und Kommunikationstechnologie führend und international vertreten. Als Zielgruppe hat das Unternehmen multinationale Konzerne und öffentliche Institutionen. Um den Ansprüchen dieser Zielgruppe gerecht zu werden, bietet die Großkundensparte der Mustermann International GmbH integrierte Lösungen, die in Zukunft Wirtschaft und Gesellschaft vernetzen sollen. Die dafür notwendige Kompetenz des

Unternehmens sichern die über 52.000 Mitarbeiter, welche um den gesamten Globus verteilt sind. Damit die Mustermann International GmbH erfolgreich am Markt agieren kann, sind zahlreiche Lösungen im Portfolio enthalten. Das Portfolio umfasst neben Mobile Enterprise Lösungen wie beispielsweise Smartphones, Tablets, Notebooks oder andere mobile Endgeräte auch die Bereitstellung der Infrastruktur im Rechenzentrum. Sicherheitslösungen sowie moderne Cloud-Lösungen[4] gehören ebenfalls zum Repertoire des Unternehmens, wie die Bereitstellung von Managed Desktop-Lösungen, De-Mail, Consulting Leistungen oder BigData-Lösungen. Kunden aus den Bereichen Gesundheitswesen, Automotive, Transport, Banken- und Versicherungsumfeld sowie aus dem öffentlichen Bereich nutzen die Produkte der Mustermann International GmbH.

Der Bereich Product Design & Orchestration Services / Mobility & Infrastructure Services, welcher in der Säule Development des Unternehmens zu finden ist, beschäftigt sich mit der Entwicklung von unterschiedlichen Kundenlösungen für Fileservice sowie Mobile Device Management (MDM)[5] und deren gemeinsame Harmonisierung in der Cloud. Möchte der Kunde den Dienst Fileservice nicht in der Cloud verwenden, so kann er diesen auf Basis des Common Internet File System (CIFS) Protokolls, auch als Server Message Block (SMB) bekannt[6], nutzen. Hierbei wird ihm im Netzwerk eine entsprechende Speicherplatzkapazität zur Verfügung gestellt, auf welcher Heimat- und Profilverzeichnisse sowie Gruppen- und Applikationslaufwerke erstellt werden. Die Netzwerkspeicherressourcen werden dabei je nach dem vereinbartem Service Level Agreement (SLA)[7], hochverfügbar, bis zu einer Verfügbarkeit der Lösung von 99,99 % und einer maximalen Speicherkapazität von über 70 Petabyte (PB) aufgebaut. Dadurch sind die Fileservice-Lösungen skalierbar und flexibel. Für die Entwicklung einer passenden Lösung, gemessen an den gestellten Anforderungen, müssen unterschiedliche Hersteller und deren Produkte untersucht, bewertet, ausgewertet und schließlich das

---

[4] Timm, 2013, S. 20 - 21
[5] Sammer, Back, Walter, 2014, S. 13 - 17
[6] Kersken, 2013, S. 286 - 287
[7] Baun, et al., 2011, S. 73 - 76

passende Produkt ausgewählt werden. Dabei ist eine enge Zusammenarbeit mit dem jeweiligen Hersteller, besonders bei der Auswahl und im Fehlerfall, sehr wichtig.

2 Grundlagen zu Cloud-Computing

Für Cloud-Computing existieren zahlreiche Definitionen. Das Bundesamt für Sicherheit in der Informationstechnik (BSI) hat dies wie folgt definiert: *"Cloud-Computing bezeichnet das dynamisch an den Bedarf angepasste Anbieten, Nutzen und Abrechnen von IT-Dienstleistungen über ein Netz. Angebot und Nutzung dieser Dienstleistungen erfolgen dabei ausschließlich über definierte technische Schnittstellen und Protokolle. Die Spannbreite der im Rahmen von Cloud-Computing angebotenen Dienstleistungen umfasst das komplette Spektrum der Informationstechnik und beinhaltet unter anderem Infrastruktur (z. B. Rechenleistung, Speicherplatz), Plattformen und Software[8]."* Damit wird unter Cloud-Computing die Virtualisierung[9] von physikalisch vorhandenen IT-Ressourcen verstanden, die anschließend logisch zur Verfügung stehen.

2.1 Cloud-Computing Bereitstellungsarten und Schichten

Cloud-Computing ermöglicht es, nicht nur physische IT-Ressourcen zu virtualisieren, sondern auch Software, gesamte Arbeitsplätze und andere Dienste und Dienstleistungen virtuell bereitzustellen. Dabei können Benutzer im Büro des Unternehmens genauso auf die gleichen Dienste und Daten zugreifen, wie Benutzer aus dem heimischen Büro oder Benutzer, welche unterwegs sind. Die bezogenen IT-Ressourcen oder Dienste können dabei über mehrere Rechenzentren verteilt sein, ohne dass es für den Benutzer bemerkbar ist. Da die Kommunikation auch über das Internet stattfindet, wer-

---

[8] BSI, Cloud-Computing Grundlagen, 2014
[9] Portnoy & Engel, 2012, S. 19 - 41

den zahlreiche Sicherheitsmaßnahmen eingesetzt[10]. Abbildung 1 zeigt eine grobe Übersicht über Cloud-Computing, einen Ausschnitt der möglichen Dienste sowie die Möglichkeit der Verteilung, sowohl der Benutzer als auch der Cloud inklusive einigen Sicherheitsfunktionen.

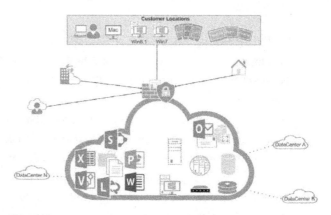

Abbildung 1 - Cloud allgemein

Cloud-Computing kann in vier unterschiedliche Arten der Bereitstellung, nämlich in Private, Public, Hybrid und Community Cloud gegliedert werden. Die unterschiedlichen Bereitstellungsarten werden in den nachfolgenden Unterkapiteln näher erläutert.

2.1.1 Private Cloud

Eine Private Cloud ist eine Cloud, welche lediglich einem einzelnen Kunden bzw. einem Unternehmen zur Verfügung gestellt wird. Damit verbunden kann die Private Cloud entweder im Rechenzentrum des Kunden oder des Anbieters aufgebaut werden. Der Zugriff außerhalb des Firmennetzes erfolgt auf die Private Cloud dabei entweder über eine gesicherte Internetverbindung mittels Hypertext Transfer Protocol Secure (HTTPS)[11] oder über ein Virtual

---

[10] Metzger, Reitz & Villar, 2011, S. 11 - 18
[11] Zisler, 2013, S. 272 - 273

Private Network (VPN)[12]. Von Geräten, welche sich im Unternehmensnetzwerk befinden, kann über das Intranet zugegriffen werden, wobei auch eine Kombination von Intranet und Internet möglich ist. Für die Sicherheit innerhalb der Private Cloud ist der Anbieter verantwortlich. Dies gilt sowohl für die Software, mit der auf die Private Cloud zugegriffen wird, als auch für die Absicherung der Infrastruktur. Für jeden weiteren Kunden wird ebenfalls eine separate Private Cloud aufgebaut. Der Vorteil dieser Art von Cloud liegt in der erhöhten Sicherheit für das Unternehmen, das die Private Cloud bezieht, allerdings verbunden mit erhöhten Kosten für die Administration dieser[13].

2.1.2 Public Cloud

Mit der Public Cloud findet der Zugriff auf diese über das Internet statt. Hierfür stellt der Anbieter meist eine mittels HTTPS verschlüsselte Verbindung zur Verfügung. Des Weiteren stellt der Anbieter eine große Public Cloud für viele Kunden zur Verfügung, ohne die Kunden voneinander zu trennen, wie es bei der Private Cloud der Fall ist. Somit befinden sich viele unterschiedliche Benutzer und Kunden auf einer gemeinsamen Umgebung. Die Infrastruktur befindet sich bei der Public Cloud lediglich beim Anbieter, welcher für die Verwaltung und Sicherheit verantwortlich ist. Die Public Cloud ist oft für private Personen als auch für kleine Unternehmen von Interesse und kann entweder kostenlos oder kostenpflichtig genutzt werden[14].

2.1.3 Hybrid Cloud

Die Hybrid Cloud ist eine Kombination aus der Private und Public Cloud. Damit werden die Vorteile der beiden Cloud Varianten vereint. Der Cloud-Kunde kann dabei seine eigene Private Cloud besitzen oder diese bei einem entsprechenden Anbieter einkaufen und somit seine Anwendungen und Ressourcen nutzen. Bei Lastspitzen kann der Cloud-Kunde auf weitere Ressour-

---

[12] Zisler, 2013, S. 329 - 335
[13] Vollmer, 2013, S. 25
[14] Vollmer, 2013, S. 24

cen des Public Cloud Anbieters zurückgreifen, ohne dafür seine eigene Infrastruktur erweitern zu müssen, wodurch der Kunde stets flexibel bleibt[15].

2.1.4 Community Cloud

Aus dem Zusammenschluss von mehreren Private Clouds von Unternehmen oder Organisationen aus der gleichen Branche oder mit einem gemeinsamen Ziel, entsteht eine Community Cloud. Weitere Voraussetzungen für einen Zusammenschluss der Private Clouds zu einer Community Cloud, sind gleiche Anforderungen, wie beispielsweise an Standardisierung, Kosten sowie Sicherheit. Damit entsteht der Vorteil der gemeinsamen Nutzung von Ressourcen, wie etwa der IT-Infrastruktur oder Anwendungen. Der Zugriff zu dieser Cloud ist lediglich Mitgliedern der Community vorenthalten. Diese Form der Cloud ist allerdings selten anzutreffen[16].

2.1.5 Cloud-Computing Service Modelle

Cloud-Computing kann in drei unterschiedliche Service Modelle, nämlich der Infrastructure as a Service (IaaS), Platform as a Service (PaaS) und der Software as a Service (SaaS) eingeteilt werden. Dabei kann jedes höhere Service Modell die Dienste der darunterliegenden Schicht benutzen[17]. Abbildung 2 gibt eine Übersicht über die drei Modelle und deren Hierarchie.

Abbildung 2 - Cloud-Computing Service Modelle

---

[15] Vollmer, 2013, S. 26 - 27
[16] Vossen, Haselmann & Hoeren, 2012, S. 30 - 32
[17] Baun, et al., 2011, S. 27 - 29

Die Basis bildet die Infrastruktur und damit das Service Modell IaaS. Auf dieser Ebene werden Teile der Hardware, wie beispielsweise Massenspeicher, Arbeitsspeicher und Netzwerk virtuell bereitgestellt. Diese werden von dem Hostserver mittels einer Virtualisierungssoftware[18] bereitgestellt und können den virtuellen Maschinen (VMs) zugewiesen werden. Dabei können den virtuellen Maschinen nur so viel Ressourcen zugewiesen werden, wie physikalisch vorhanden ist. Die Zuweisung der Ressourcen kann dabei unterschiedlich gestaltet werden. Entweder werden die Ressourcen zu Beginn bei der Erstellung der virtuellen Maschine fest oder je nach Bedarf dynamisch zugewiesen.

Bei der ersten Variante ist die virtuelle Maschine eventuell nicht flexibel genug. Das bedeutet, wenn die virtuelle Maschine mehr Arbeitsspeicher oder mehr Festplattenspeicher benötigt, dass sich dies nicht automatisch bewerkstelligen lässt. Um diese Ressourcen nachträglich an den Bedarf anzupassen, muss die virtuelle Maschine heruntergefahren und die Ressourcenzuteilung angepasst werden. Dies wiederum erfordert einen manuellen Eingriff durch den Administrator, benötigt ein abgestimmtes Wartungsfenster, da der Service während dieser Zeit nicht zur Verfügung steht. Außerdem müssen die benötigten Ressourcen auf dem Hostserver noch vorhanden sein. Sind die Ressourcen auf dem Hostserver nicht vorhanden, so muss der Hostserver um diese erweitert oder die virtuelle Maschine auf einen anderen Hostserver umgezogen werden[19], was zusätzlichen Aufwand bedeutet. Um die Notwendigkeit der Ressourcenanpassung bei einer virtuellen Maschine zu bemerken, ist ein ständiges Monitoring[20] dieser notwendig. Der Vorteil der Zuweisung von Ressourcen, bereits zu Beginn bei der Erstellung der virtuellen Maschine, ist der, dass die Vergabe von Ressourcen besser geplant und kontrolliert werden kann. Damit sind die Ressourcen der virtuellen Maschine eindeutig zugewiesen und es besteht keine Gefahr, dass diese plötzlich von einer anderen virtuellen Maschine in Anspruch genommen werden. Aller-

---

[18] Eckert, 2011, S. 83 - 90
[19] Portnoy & Engel, 2012, S. 235 - 259
[20] Fritsch, 2009, S. 13 - 25

dings kann es passieren, dass einer virtuellen Maschine zu viele Ressourcen zugewiesen werden. Das bedeutet, dass diese ungenutzt sind und Leerstandskosten[21] verursachen, obwohl die Ressourcen von anderen virtuellen Maschinen benötigt werden.

Bei der dynamischen Ressourcenzuweisung ist zwar die Ressourcenplanung und -kontrolle erschwert, ermöglicht der virtuellen Maschine aber, die Lastspitzen durch automatische Erweiterung der Ressourcen abzufangen. Dabei ist ein manuelles Eingreifen durch den Administrator sowie ein Wartungsfenster nicht notwendig, weil die virtuelle Maschine nicht heruntergefahren werden muss und der Service weiterhin zur Verfügung steht[22]. Des Weiteren können auch die Ressourcen besser genutzt werden, was weniger Leerstandskosten verursacht und die Wirtschaftlichkeit erhöht. Allerdings muss auch in diesem Fall sichergestellt werden, dass der Hostserver über ausreichend Ressourcen verfügt, damit die virtuelle Maschine die benötigten Ressourcen bei Bedarf abrufen kann, ohne einer anderen virtuellen Maschine diese zu entwenden oder gar alle auf diesem Hostserver befindlichen virtuellen Maschinen die Arbeit aufgrund fehlender Ressourcen einstellen.

Das Service Modell PaaS, welche sich über der IaaS befindet, stellt ein Programmiermodell und Entwicklerwerkzeuge bereit, um Anwendungen in der Cloud für die Cloud zu erstellen und auszuführen. Dabei werden alle notwendigen infrastrukturellen Voraussetzungen erfüllt, indem die erforderliche Infrastruktur ebenfalls bereitgestellt wird. Damit kann sich der Anwender der PaaS voll und ganz auf die Anwendungsentwicklung konzentrieren. Das Ziel von PaaS ist es, die Kosten für die Entwicklungsumgebung beim Kunden zu senken. Außerdem soll die Bereitstellung einer Entwicklungsumgebung beschleunigt und der Aufwand für die Wartung dieser gesenkt werden, um sich der Kernkompetenz zu widmen und die Time-to-Market (TTM)[23] zu verkürzen. Die Gefahr bei PaaS ist, dass eine Abhängigkeit zu einem PaaS-Anbieter entstehen kann. Des Weiteren unterstützen die unterschiedlichen

---

[21] Blomer, Mann & Bernhard, 2006, S. 50 - 51
[22] Baun, et al., 2011, S. 29 - 33
[23] gruenderszene.de, 2014

PaaS-Anbieter lediglich bestimmte Programmiersprachen, was die Flexibilität eindämmt und bei einem Anbieterwechsel bedacht werden muss, andernfalls müsste die gesamte Anwendung neu programmiert werden. Ein weiterer wichtiger Vorteil ist der, dass der Kunde für bestimmte Zeiten, wenn auch nur für wenige Stunden, seine Ressourcen ausweiten kann und diese nur für die beanspruchte Zeit bezahlt[24].

Das Service Modell SaaS nutzt die Ebenen PaaS für die Entwicklung der Software und IaaS für die notwendige IT-Infrastruktur, um die Software als einen Service anzubieten. Dabei werden Software und die benötigte IT-Infrastruktur bei einem externen Anbieter betrieben und dem Kunden als Service in der Cloud angeboten. Genutzt wird die SaaS über das Internet, meistens mit einem Webbrowser, sodass eine klassische Installation der Anwendung auf dem Computer entfällt und diese von jedem internetfähigen Computer oder gar mobilen Endgerät, wie Laptop, Tablet oder Smartphone genutzt werden kann. Der Vorteil von SaaS ist, dass die Anschaffungs- und die Betriebskosten sowie Wartung und Pflege für die IT-Infrastruktur und der darauf befindlichen Software dem Anwender erspart bleiben, wie auch die Entwicklungskosten für die Software entfallen. Lediglich Gebühren für die Nutzung von SaaS können dem Anwender entstehen, wenn es sich um eine lizenzpflichtige Anwendung handelt. Zielgruppen von SaaS sind im Gegensatz zu IaaS und PaaS nicht nur Geschäftskunden, Anbieter und Entwickler, sondern auch private Endkunden[25].

2.2 Vor- und Nachteile von Cloud-Computing

Durch den Einsatz von Cloud-Computing entstehen einige Vor- und Nachteile. Ein großer Vorteil von Cloud-Computing ist der, dass es eine Art von Standardisierung der IT ist. Damit einhergehend können Cloud-Produkte kostengünstig angeboten werden, sodass die Kunden ihre Kosten im Bereich IT senken können und der eigene Return on Investment (ROI) schneller erreicht

---

[24] Baun, et al., 2011, S. 33 - 35
[25] Baun, et al., 2011, S. 35 - 37

wird. Außerdem müssen die Kunden kein Geld in Hardware und Infrastruktur sowie Personal und Schulung investieren und auch um die Wartung und Pflege der Systeme müssen sie sich nicht kümmern. Neben den entstehenden Kostenvorteilen ergeben sich Vorteile in puncto Flexibilität und Skalierbarkeit. So können zahlreiche Anwendungen direkt aus der Cloud auf unterschiedlichen Geräten gestartet werden und sind somit plattformunabhängig. Weiter sind neue Versionen von Anwendungen direkt verfügbar und es muss für die Einführung einer neueren Anwendung kein zusätzliches Einführungsprojekt initiiert werden. Wird ein plötzlich höherer Bedarf an IT-Ressourcen attestiert, so können diese zusätzlich benötigten Ressourcen aus der Cloud beansprucht werden. Die Systeme lassen sich zudem stark skalieren, sodass einem schnellen Wachstum des Unternehmens aus Sicht der IT nichts entgegenzusetzen ist[26].

Den zahlreichen Vorteilen, die Cloud-Computing mit sich bringt, stehen allerdings auch einige Nachteile entgegen. Der wohl größte Nachteil ist mangelnder und für den Endbenutzer nicht transparenter Datenschutz. Denn es werden viele, teilweise auch unternehmenskritische und personenbezogene Daten abgelegt. Befinden sich die Daten bei einem Cloud-Anbieter, der seinen Sitz in den Vereinigten Staaten von Amerika hat, dann besteht die Gefahr, dass sich die National Security Agency (NSA) Zugriff zu diesen verschaffen kann, da in Amerika andere rechtliche Grundlagen gelten, als in Deutschland[27]. Aber auch bei anderen Cloud-Anbietern besteht die Gefahr, dass der Anbieter auf die Daten seiner Kunden zugreifen kann. Eine weitere Gefahr des Datendiebstahls besteht, wenn der Cloud-Anbieter seine IT-Systeme unzureichend gesichert hat, sodass Unbefugte in die Systeme eindringen und Daten entwenden können. Wenn die Dienste von lediglich einem Cloud-Anbieter bezogen werden, entsteht nicht nur eine starke Abhängigkeit von diesem Anbieter, sondern auch die Gefahr, dass wenn dieser seinen Betrieb einstellt, die Qualität massiv einbricht oder die Zufriedenheit sinkt, über einen Wechsel zu einem anderen Anbieter nachgedacht werden muss. Eine Migra-

---

[26] Metzger, Reitz & Villar, 2011, S. 27 - 47
[27] bfdi.bund.de, 2014

tion ist allerdings besonders aufwendig und kostspielig. Außerdem muss dann möglichst schnell ein neuer Cloud-Anbieter gefunden werden, welcher möglichst dieselben Dienste anbietet wie der Vorherige, um den Aufwand für den Anbieterwechsel möglichst gering zu halten und um dieselben Dienste und Anwendungen weiterhin nutzen zu können. Besonders wichtig ist es, schnell zu reagieren und möglichst alle Daten zu sichern, um keinen totalen Datenverlust zu erleiden. Ein weiterer Nachteil ist der, dass das eigene IT-Know-how geringer wird und im Falle der Rückübernahme der IT, erneut Personal mit dem notwendigen Know-how eingestellt und mit den Prozessen des Unternehmens vertraut gemacht werden muss oder externe Berater zu Rate gezogen werden müssen[28]. Da Cloud-Computing einen Standard darstellt, sind wenig bis keine Anpassungsfähigkeiten an die Geschäftsprozesse des Kunden möglich[29]. Die nachfolgende Tabelle zeigt die Vor- und Nachteile von Cloud-Computing zusammengefasst auf.

Vorteile	Nachteile
Kostensenkung der IT aufgrund Standardisierung	Mangelnder und kein transparenter Datenschutz
Keine Hardware Investition für Kunden	Datensicherheit beim Anbieter nicht transparent
Geringere Schulungs- und Personalkosten	Abhängigkeit vom Cloud Anbieter
Wartung und Pflege liegt beim Betreiber	Zusätzliche Kosten bei Anbieterwechsel
Schnellere Einführung neuer Softwareversionen und Updates	Keine bis geringe Anpassungsfähigkeit an Geschäftsprozesse
Höhere Flexibilität und Skalierbarkeit	Verlust des eigenen IT-Know-hows
Plattformunabhängigkeit	
Lastspitzen können besser ausgeglichen werden	

Tabelle 1 - Vor- und Nachteile von Cloud-Computing

2.3 Sicherheit

Das Thema Sicherheit ist ein ständiger Begleiter in der IT. Denn besonders mit dem aktuellen Thema der NSA-Affäre[30] hat die Frage nach der Sicherheit erneut an Wichtigkeit gewonnen. Denn in der IT eines Unternehmens werden

---

[28] Metzger, Reitz & Villar, 2011, S. 27 - 47
[29] Vossen, Haselmann & Hoeren, 2012, S. 26 - 27
[30] zeit.de, 2014

zahlreiche sehr sensible Daten des Unternehmens oder der Kunden ausgetauscht, verarbeitet und gespeichert. Diese müssen vor Zugriffen durch Unbefugte geschützt werden. Besonders in Deutschland sind Regelungen und Gesetze zum Datenschutz und zur Datensicherheit vorhanden[31]. Verstöße werden dementsprechend geahndet. Wird ein Sicherheitsvorfall in der Öffentlichkeit bekannt, so kann dies das Image eines Unternehmens sehr stark schädigen. Aber auch ein Datendiebstahl, der zunächst der Öffentlichkeit oder dem Unternehmen selbst, verborgen bleibt, kann zu einem starken Imageverlust, Geldstrafen oder einem anderen wirtschaftlichen Schaden führen. In den nachfolgenden Unterkapiteln werden einige Verfahren und Möglichkeiten, welche zu höherer Datensicherheit und Datenschutz beitragen, erläutert.

2.3.1 Kryptografie

Die Kryptografie ist eine Wissenschaft, welche sich mit Methoden und Verfahren auseinandersetzt, um Informationen zu verschlüsseln. Das wichtigste Instrument zur Entwicklung von sicheren Verfahren und Methoden zur Verschlüsselung ist neben dem Computer, die Mathematik. Denn nur mithilfe der Mathematik können geeignete Methoden und Verfahren für die Verschlüsselung in Form von Algorithmen entwickelt werden. Das Gegenteil von Kryptografie ist die Kryptoanalyse, in welcher versucht wird, geeignete Methoden und Verfahren zu entwickeln, um Informationen aus verschlüsselten Daten zu gewinnen. Sei es durch Umgehung der Sicherheitsfunktionen oder durch das Brechen dieser. Gemeinsam mit der Kryptoanalyse wird die Kryptografie unter dem Begriff Kryptologie zusammengefasst[32].

Die Kryptografie kann dabei in symmetrische, asymmetrische und hybride Verschlüsselung eingeteilt werden. Bei der symmetrischen Verschlüsselung wird zum Ver- und Entschlüsseln derselbe Schlüssel verwendet. Der Schlüssel muss über einen anderen, separaten Weg übertragen werden. Hierbei

---

[31] gesetze-im-internet.de, BDSG, 2009
[32] Schmeh, 2013, S. 11 - 15

besteht somit die Gefahr, dass der Schlüssel abgefangen werden kann und verschlüsselte Dateien gegebenenfalls nicht nur vom eigentlichen Empfänger entschlüsselt werden können. Somit können vertrauliche Informationen in falsche Hände gelangen und missbräuchlich genutzt werden. Allerdings ist die Verschlüsselungsgeschwindigkeit bei der symmetrischen Verschlüsselung höher als die der Asymmetrischen[33].

Das asymmetrische Verschlüsselungsverfahren arbeitet hingegen beim Ver- und Entschlüsseln mit zwei unterschiedlichen Schlüsseln, nämlich dem öffentlichen und dem privaten Schlüssel. Verschlüsselt wird mit dem öffentlichen Schlüssel des Empfängers, welcher dem Sender bekannt ist, denn der Empfänger muss seinen öffentlichen Schlüssel bereitstellen. Beim Datenaustausch muss kein Schlüssel mit übertragen werden, denn der Empfänger entschlüsselt die Datei mit seinem privaten Schlüssel. Der private Schlüssel ist geheim und nur dem jeweiligen Besitzer bekannt und darf auf keinen Fall weitergegeben werden, da ansonsten andere Personen die Dateien entschlüsseln könnten. Außerdem darf sich der private Schlüssel nicht aus dem öffentlichen Schlüssel berechnen lassen. Damit ist die asymmetrische Verschlüsselung aufgrund ihres Verfahrens sicherer als die Symmetrische (bei gleicher Länge des Schlüssels) und durch den alleinigen Besitz des öffentlichen Schlüssels, kann die verschlüsselte Datei nicht entschlüsselt werden. Die Sicherheit der Verschlüsselung hängt allerdings auch von der Länge des Schlüssels ab. Die asymmetrische Verschlüsselung ist sie zugleich auch langsamer, da mehr Rechenaufwand betrieben werden muss. Dies ist der Abhängigkeit der beiden Schlüssel sowie der mathematischen Berechnung zur Verschlüsselung der Daten mit den längeren Schlüsseln geschuldet. Daher ist dieses Verschlüsselungsverfahren nicht für die Verschlüsselung von großen Datenmengen geeignet[34].

Die dritte Variante der Verschlüsselung bildet die hybride Verschlüsselung, welche eine Kombination aus dem symmetrischen und asymmetrischen Verschlüsselungsverfahren ist. Die Dateien selbst werden mit der symmetri-

---

[33] Schreiner, 2012, S. 144 - 145
[34] Brands, 2012, S. 317 - 318

schen Verschlüsselung verschlüsselt. Die verwendeten Schlüssel des symmetrischen Verschlüsselungsverfahrens werden dabei mit der asymmetrischen Verschlüsselung verschlüsselt. Das hat den Vorteil, dass die Dateien mit der symmetrischen Verschlüsselung schneller verschlüsselt werden können und bei der Übertragung keine Gefahr besteht, dass der verwendete Schlüssel zum Entschlüsseln entwendet wird[35].

2.3.2 SSL/TLS

Das Secure Socket Layer (SSL) Protokoll wird für eine sichere Übertragung der Daten im Internet in Verbindung mit dem Hypertext Transfer Protokoll (HTTP) verwendet. Dabei wird zwischen Client und Server eine gesicherte Verbindung aufgebaut, über welche die Datenübermittlung stattfindet. Wird SSL für eine gesicherte Verbindung im Internet verwendet, so wird zu Beginn anstelle von HTTP, das Protokoll HTTPS aufgeführt. SSL ist ein hybrides Verschlüsselungsverfahren, denn zur Authentifikation der beiden Kommunikationspartner verwendet SSL asymmetrische Verschlüsselungsverfahren und zur Übertragung der Daten wird ein symmetrisches Verschlüsselungsverfahren zusammen mit den Sitzungsschlüsseln genutzt. Die verschiedenen Schlüssel werden dabei während des SSL-Handshakes generiert und bei der Verschlüsselung sowie Übertragung von Client und Server verwendet. Die SSL-Verbindung wird aufgebaut, indem der Client eine Anfrage an den Server mitsamt seinen unterstützten Verschlüsselungsverfahren sendet. Der Server wählt daraufhin ein Verschlüsselungsverfahren aus und sendet ein Zertifikat an den Client zurück, welches den öffentlichen Schlüssel des Servers enthält. Nach Erhalt des öffentlichen Schlüssels des Servers generiert der Client einen Sitzungsschlüssel für das symmetrische Verschlüsselungsverfahren. Dieser Sitzungsschlüssel wird mit dem öffentlichen Schlüssel des Servers verschlüsselt und dem Server übermittelt.

---

[35] Schreiner, 2012, S. 146

Die Integrität bei der Übermittlung der Daten wird dabei mittels SSL-Records durch einen Message Authentication Code (MAC) sichergestellt. Der Message Authentication Code ist eine Prüfsumme, welche aus der zu schützenden Datei sowie des geheimen Schlüssels berechnet wird. Vor der Übertragung wird ein geheimer Schlüssel für Sender und Empfänger vereinbart. Anschließend wird vom Sender der MAC für seine Nachricht und den geheimen Schlüssel generiert. Der MAC wird bei der Übertragung der verschlüsselten Datei ebenfalls an den Empfänger übertragen. Nach Erhalt der Nachricht berechnet der Empfänger den MAC dieser mit seinem geheimen Schlüssel und vergleicht die beiden Werte. Stimmen beide Werte überein, so ist die Nachricht unverändert von einem berechtigten Sender angekommen. Dabei kann aus Sicherheitsgründen jeder Schlüssel lediglich für eine Richtung und für einen einmaligen Einsatz verwendet werden. Die benötigten Schlüssel werden dabei während des SSL-Handshakes ausgehandelt. Die nachfolgende Abbildung zeigt die Funktionsweise des SSL-Handshakes.

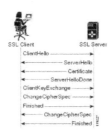

Abbildung 3 - SSL-Handshake[36]

Das Protokoll Transport Layer Security (TLS) ist dabei die Weiterentwicklung des SSL Protokolls[37]. Für den Einsatz von SSL/TLS wird ein SSL-Zertifikat benötigt, welches im nächsten Unterkapitel näher erläutert wird.

---

[36] Cisco, 2014
[37] Spitz, Pramateftakis & Swoboda, 2011, S. 177 - 181

2.3.3 SSL-Zertifikate

Ein SSL-Zertifikat ist eine Informationsdatei, welche von einer offiziellen und unabhängigen Zertifizierungsstelle, wie beispielsweise Verisign bzw. Symantec, FreeSSL oder Geotrust verifiziert wird[38]. Bei der Zertifizierung werden Informationen wie der Name der Zertifizierungsstelle, die Gültigkeit des Zertifikats, der öffentliche Schlüssel sowie der Name des Zertifikatsinhabers in das Zertifikat hinzugefügt. Ein Zertifikat kann beispielsweise für Authentifizierung oder zur Verschlüsselung einer Nachricht und anschließender Übertragung über das Internet verwendet werden. Dabei wird die Nachricht mit dem öffentlichen Schlüssel des jeweiligen Senders verschlüsselt, über das Internet übertragen und der Empfänger kann die Nachricht anschließend mit seinem privaten und somit geheimen Schlüssel entschlüsseln. Das Zertifikat soll dabei sicherstellen, dass die vertraulichen Informationen bei dem richtigen Empfänger ohne Veränderung ankommen. Deshalb muss vor der Verschlüsselung und Übertragung der Informationen die Gültigkeit des Zertifikats überprüft werden. So müssen die oben erwähnten Informationen im Zertifikat enthalten und das Zertifikat gültig sein[39]. Die nachfolgende Abbildung zeigt ein gültiges SSL-Zertifikat.

Abbildung 4 - gültiges SSL-Zertifikat von Verisign

---

[38] heise.de, Vorsicht bei kostenlosen SSL-Zertifikaten, 2005
[39] Schmeh, 2013, S. 507 - 508

2.3.4 Zertifikatsserver und PKI

Eine Public-Key-Infrastructure (PKI) ist eine Umgebung in einem Unternehmen, welche unter anderem öffentliche und private Schlüssel der Benutzer zentral verwaltet und digitale Zertifikate ausstellt. Die öffentlichen Schlüssel sind allen Mitarbeitern bekannt und der jeweilige private Schlüssel nur dem jeweiligen Mitarbeiter. Damit können beispielsweise die Mitarbeiter eines Unternehmens vertrauliche Informationen in E-Mails intern verschlüsselt versenden. Möchte ein Mitarbeiter eine verschlüsselte E-Mail an einen externen Empfänger versenden, so schlägt dieser Vorgang fehl, da der öffentliche Schlüssel des Empfängers in der PKI nicht vorhanden ist. Die PKI ist somit die Zertifizierungsstelle innerhalb des Unternehmens, welche Zertifikate ausstellt und eine interne Verschlüsselung ermöglicht[40]. Die in der PKI ausgestellten Zertifikate werden dabei auf den Zertifikatsservern, welche auch Zertifizierungsstelle genannt werden, gespeichert. Eingerichtet wird die Zertifizierungsstelle beispielsweise im Active-Directory (AD) eines Windows Servers durch Hinzufügen der entsprechenden Rolle[41].

2.3.5 Datenschutz und Datensicherheit

Datenschutz und Datensicherheit nehmen in der IT aufgrund von fließenden Übergängen der Datenverarbeitung zwischen den Anwendungen und verschiedenen Systemen einen immer wichtigeren Stellenwert ein. Daher ist es wichtig, dass die Daten sicher und effektiv geschützt werden. Datensicherheit beschreibt den Schutz der Daten vor Verlust, Missbrauch, Manipulation, menschlicher oder technischer Fehler sowie weiterer Bedrohungen. Datensicherheit ist dabei das technische Ziel und Grundlage für einen effektiven Datenschutz. Datenschutz hingegeben beschreibt den Schutz von persönlichen Daten, sodass die personenbezogenen Daten nur von authentifizierten und autorisierten Personen gelesen werden dürfen, welches im nächsten Kapitel

---

[40] Schmeh, 2013, S. 505 - 507
[41] Boddenberg, 2014, S. 525 - 641

näher erläutert wird[42]. Da Datenschutz und Datensicherheit in der IT immens wichtig ist, wurde ein Gesetz, nämlich das Bundesdatenschutzgesetz (BDSG), verabschiedet[43]. Verletzungen gegen Datenschutz und Datensicherheit und damit gegen das Gesetz, führen zu Sanktionen in Form von Geldstrafen oder Imageverlust.

2.3.6 Authentifizierung und Autorisierung

Im Bereich Sicherheit ist die Authentifizierung und Autorisierung des Benutzers sehr wichtig. Denn nur berechtigte Personen dürfen bestimmte Informationen einsehen und erhalten. Damit tatsächlich nur die berechtigte Person diese Informationen einsehen kann und darf, muss die Identität dieser angeblich berechtigten Person überprüft und bestätigt werden. Unter Authentifizierung wird der Nachweis über den Besitz von bestimmten Rechten verstanden. Dabei sind die Rechte direkt an die Person selbst gebunden, sei es durch die Eingabe von Benutzername und Passwort, Besitz und Wissen, wie beispielsweise von EC-Karte und der persönlichen Identifikationsnummer (PIN) oder von biometrischen Merkmalen, wie beispielsweise von Fingerabdruck oder Iris-Scan. Erst wenn die Authentifizierung erfolgreich durchgeführt werden konnte, ist die berechtigte Person autorisiert auf die entsprechenden Daten oder Ressourcen zuzugreifen[44].

2.4 Wichtige Eigenschaften von Cloud Computing

Wichtige Eigenschaften von Cloud-Computing sind neben der Flexibilität, dem ständigen, orts- und geräteunabhängigen Zugriff, auch Hochverfügbarkeit, Skalierbarkeit und die Performance. Diese Eigenschaften werden in den nachfolgenden Unterkapiteln näher erläutert.

---

[42] Witt, 2010, S. 2 - 11
[43] gesetze-im-internet.de, BDSG, 2009
[44] Lothka, 2004

2.4.1 Hochverfügbarkeit

Soll ein System oder ein Dienst hochverfügbar sein, so muss dies mit den entsprechenden Komponenten aufgebaut und konfiguriert werden. Dabei wird eine Verfügbarkeit errechnet, die aussagt, wie viele Stunden oder Minuten ein System oder Dienst nicht verfügbar sein darf. Je nach den vereinbarten SLAs, wird die Verfügbarkeit auf einen Monat oder auf ein Jahr bezogen, wobei das Jahr aufgrund vom Schaltjahr mit durchschnittlich 365,25 Tagen angegeben wird. Für die Berechnung der Hochverfügbarkeit, müssen zunächst die Werte für Mean Time Between Failures (MTBF), Mean Time To Failure (MTTF) sowie Mean Time To Repair (MTTR) bekannt sein. MTBF gibt die mittlere Zeit zwischen zwei Ausfällen an, wobei nur Ausfälle von einer größeren Anzahl von Geräten gewertet werden, sodass ein Ausfall einer einzelnen Festplatte nicht gewertet wird, ein Ausfall von beispielsweise 100 Festplatten sehr wohl betrachtet wird. MTTF gibt die Zeit bis zum ersten Ausfall der Komponenten an. Auch bei MTTF wird lediglich der Ausfall für eine größere Anzahl von Komponenten gewertet. Eine sehr wichtige Zeitangabe ist die MTTR, welche die mittlere Zeit für die Beseitigung der Störung angibt. Aus diesen Zeitangaben kann anschließend die Verfügbarkeit errechnet werden. Diese ergibt sich, indem MTBF durch die Summe aus MTBF und MTTR dividiert wird. Anschließend kann die Ausfallzeit für den vereinbarten Zeitraum errechnet werden, in dem der vereinbarte Zeitraum mit der Differenz aus 1 und der Verfügbarkeit, multipliziert wird[45]. Die nachfolgende Abbildung zeigt beispielsweise eine Verfügbarkeitsberechnung inklusive der Ausfallzeit in Minuten pro Jahr.

---

[45] Schwartzkopff, 2012, S. 1 - 10

	MTBF (Anname)	MTTR (Annahme)	Verfügbarkeit in Prozent	Ausfallzeit (Minuten pro
Festplatte	100.000 h	2 h	99,998%	10,52 min.
Switch	250.000 h	2 h	99,999%	5,26 min.
Server	50.000 h	8 h	99,984%	84,15 min.

Nebenrechnung Verfügbarkeit:

$$\text{Verfügbarkeit (A)} = \frac{MTBF}{(MTBF + MTTR) * 100} = \frac{100.000\ h}{(100.000\ h + 2\ h) * 100} = 99,998\%$$

Nebenrechnung Ausfallzeit in Minuten pro Jahr:

$$\text{Ausfallzeit} = \frac{(1 - A) * 365,25\ Tage * 24\ Stunden * 60\ Minuten}{} = (1-0,99998)*365,25*24*60 = 10,52\ min.$$

Abbildung 5 - Beispiel für Verfügbarkeitsberechnung

Um die jeweilig vereinbarte Verfügbarkeit sicherzustellen, müssen entsprechende Komponenten verbaut und Konfigurationen durchgeführt werden. Daher ist ein Einsatz von Hochverfügbarkeitssystemen, wie Cluster[46], unabdingbar. Die Verfügbarkeit wird in verschiedene Verfügbarkeitsklassen und Verfügbarkeitsstufen eingeteilt[47]. Tabelle 2 zeigt die Einteilung der von der Harvard Research Group (HRG)[48] definierten Verfügbarkeitsklassen.

Klasse	Bezeichnung	Erklärung
AEC-0	Conventional	Funktion kann unterbrochen werden, Datenintegrität und -verfügbarkeit ist nicht wichtig
AEC-1	Highly Reliable	Funktion kann unterbrochen werden, Datenintegrität und -verfügbarkeit muss jedoch gewährleistet sein, beispielsweise durch ein Backup
AEC-2	High Availability	Funktion darf nur innerhalb festgelegter Zeiten oder zur Hauptbetriebszeit minimal unterbrochen werden. Benutzer kann sich innerhalb kurzer Zeit wieder am System anmelden. Performanceeinbußen denkbar
AEC-3	Fault Resilient	Funktion muss innerhalb festgelegter Zeiten oder während der Hauptbetriebszeit ununterbrochen aufrechterhalten werden. Performanceeinbußen denkbar, letzte Transaktion muss eventuell wiederholt werden
AEC-4	Fault Tolerant	Funktion muss ununterbrochen und ohne Performanceeinbußen aufrechterhalten werden, 24/7-Betrieb (24 Stunden, 7 Tage die Woche) notwendig
AEC-5	Disaster Tolerant	Spezialfall: Funktion muss unter allen Umständen verfügbar sein, auch beispielsweise bei Naturkatastrophen, Terrorismus und weiteren Gewalteinwirkungen zweites Rechenzentrum notwendig

Tabelle 2 - Verfügbarkeitsklassen

---

[46] Schwartzkopff, 2012, S. 19 - 24
[47] BSI, Band G, Kapitel 2: Definitionen, 2013
[48] Harvard Research Group, 2014

2.4.2 Skalierbarkeit

Skalierbarkeit beschreibt die Fähigkeit eines Systems bei wachsenden Anforderungen durch das Hinzufügen von weiteren Ressourcen erweitert zu werden. Meistens findet eine Unterteilung in vertikale und horizontale Skalierbarkeit statt. Unter vertikaler Skalierbarkeit oder auch scale-up genannt, wird das Hinzufügen weiterer Ressourcen zu einem bestehenden Gesamtsystem verstanden. Das bedeutet, dass die vorhandenen Knoten des Gesamtsystems entweder durch leistungsfähigere ersetzt werden oder die Leistung dieser durch Erweiterung von Ressourcen erhöht wird. Bei der zweiten Variante, der horizontalen Skalierbarkeit oder auch scale-out genannt, wird die Arbeitslast auf mehrere Knoten des Gesamtsystems verteilt. Das bedeutet, dass die Knoten des bereits vorhandenen Gesamtsystems in gleicher Art und Güte bestehen bleiben, jedoch eine Erweiterung um weitere Knoten stattfindet, sodass die Leistung des Gesamtsystems gesteigert werden kann[49].

2.4.3 Performance

Eine Anforderung an Cloud-Computing ist unter anderem die, dass die Performance dieselbe sein soll, wie bei einem lokalen System, was bereits bei der Architektur betrachtet werden muss. Somit ist darauf zu achten, dass die eingesetzten Komponenten miteinander harmonieren und in der bereits ohnehin komplexen Cloud-Lösung, zusätzliche und unnötige Komplexität vermieden wird, welche die Performance negativ beeinflusst. Dies kann erreicht werden, wenn beispielsweise unnötige oder nicht geforderte Anforderungen weggelassen werden. Die Performance der Cloud-Lösung muss sich bei Bedarf stets erweitern lassen, indem beispielsweise mehr Arbeitsspeicher, leistungsfähigere Controller, schnellere Central Processor Units (CPUs), Festplatten und Netzwerkkarten eingebaut werden können und zur Verfügung stehen. Des Weiteren kann die Performance der gesamten Cloud-Lösung

---

[49] Vossen, Haselmann & Hoeren, 2012, S. 13 - 15

gesteigert werden, indem die Last auf mehrere Einzelsysteme verteilt wird oder zusätzliche Einzelsysteme zu dem Gesamtsystem hinzugefügt werden. Ebenfalls ist es wichtig, dass eine ausreichende Bandbreite zur Verfügung steht, sodass die Benutzer nicht zu lange warten müssen, bis alle Daten geladen wurden oder gar mit Verbindungsabbrüchen rechnen müssen, aufgrund der zu langsamen Verbindung[50].

wissen Zeit der Inkonsistenz, die Konsistenz wiederhergestellt wird.

3 Analyse möglicher Komponenten einer Fileservice Cloud-Lösung

Um eine sichere, skalierbare und hochverfügbare Fileservice Cloud-Lösung mit verschlüsselter Übertragung erstellen zu können, werden entsprechende Komponenten benötigt. Um die passenden und gemeinsam harmonierenden Komponenten zu finden, muss eine Auswahl dieser durchgeführt werden. Nach Identifizierung der erforderlichen Komponenten wird eine Nutzwertanalyse erstellt, um das passende Produkt des jeweiligen Herstellers auswählen zu können. Dabei werden ausgewählte Kriterien je nach Wichtigkeit des Kriteriums, entsprechend gewichtet. Das Produkt des jeweiligen Herstellers, welches die höchste Punktzahl erreicht, wird für den ersten Architekturvorschlag verwendet. Falls technisch passend und die Differenz nicht zu groß ist, können die Zweit- und falls vorhanden, Drittplatzierten in den Verhandlungen mit dem Hersteller, als mögliche Alternativen angesehen werden, finden in der weiteren Arbeit jedoch keine Betrachtung.

---

[50] Vossen, Haselmann & Hoeren, 2012, S. 75 - 77

3.1 Kurze Diskussion zu den Komponenten, die in Betracht kommen

Eine sichere, skalierbare und hochverfügbare Fileservice Cloud-Lösung mit verschlüsselter Übertragung benötigt zunächst eine geeignete Virtualisierungssoftware, um die erforderlichen Server virtualisiert und somit skalierbar bereitstellen zu können. Anschließend wird ein passender Storage benötigt, auf dem alle notwendigen Dateien der Benutzer abgelegt werden können. Deshalb ist die Betrachtung und Auswahl einer passenden Storage-Lösung notwendig. Nachdem der Storage ausgewählt wurde, gilt es eine geeignete Fileservice Cloud-Software zu finden, welche nach Möglichkeit viele Betriebssysteme von Clients und mobilen Endgeräten unterstützt, möglichst sicher ist und zahlreiche Funktionen für ein flexibles und bequemes gemeinsames Arbeiten bietet. Wird von der Fileservice Cloud-Software zudem eine Datenbank benötigt, so gilt es, eine entsprechende Datenbanksoftware zu bestimmen, indem die entsprechenden Produkte der jeweiligen Hersteller gegenübergestellt werden. Damit die angedachte Lösung hochverfügbar aufgebaut werden kann, muss die Unterstützung der Hochverfügbarkeit von allen Backend-Systemen vorhanden sein. Um die Fileservice Cloud-Lösung nutzen zu können, wird eine entsprechende Clientsoftware benötigt. Da die Cloud möglichst flexibel und geräteunabhängig sein soll, kommen hier zahlreiche Client Betriebssysteme in Betracht, die von der Cloud-Software unterstützt werden sowie mit anderen Systemen der Fileservice Cloud-Lösung harmonisieren müssen. Aufgrund dessen, dass die Cloud geräteunabhängig aufgebaut werden soll und der Trend mehr in die Nutzung mobiler Endgeräte geht[51], müssen selbstverständlich diese, bzw., deren Betriebssystem unterstützt werden. Spezielle Sicherheitsaspekte der angedachten Lösung werden in Kapitel 4.4 diskutiert. Die Gegenüberstellung und Auswahl der jeweiligen Komponenten findet in den nachfolgenden Kapiteln statt.

---

[51] Lopez, 2014

3.2 Virtualisierungssoftware

Eine Virtualisierungssoftware wird benötigt, um die verschiedenen Server und Clients virtuell abbilden zu können. Dadurch wird es möglich gemacht, dass die angedachte Lösung flexibel bleibt und die Ressourcen bei Bedarf hinzugefügt werden können. Außerdem ist eine Installation einer VM schneller möglich, als die Installation einer physikalischen. Auch die Möglichkeit einen Snapshot[52] zu erstellen, welcher es ermöglicht zum ursprünglichen Zustand zurückzukehren, ohne die VM neu installieren zu müssen, ist bei einer VM möglich. Ein Snapshot ist ein Abbild der VM zum erstellten Zeitpunkt. Deshalb sind Änderungen an dem Snapshot ausgeschlossen.

Laut der Gartner-Studie sind VMware und Microsoft die führenden Hersteller im Bereich Servervirtualisierung[53]. VMware führt den Markt für Servervirtualisierung bereits seit mehreren Jahren an. Microsoft konnte mit seinem Produkt Hyper-V zum zweiten Marktführer aufsteigen. Daher ist ein Vergleich zwischen den beiden Herstellern und deren Lösungen notwendig. Als Kriterien wurden Management der VMs, Funktionen, Produktsupport, Skalierbarkeit & Limitierungen, unterstützte Betriebssysteme, Lizenzkosten sowie Flexibilität gewählt und mit einer entsprechenden Gewichtung versehen. Das Management der zahlreichen VMs kann die Kosten für diese, je nach Anzahl und Komplexität des Managements, stark nach oben skalieren lassen. Daher ist dies ein sehr wichtiger Punkt, welcher Betriebskosten, Flexibilität und Möglichkeiten des Managements der VMs stark beeinflusst. Die Funktionen einer Virtualisierungssoftware sind für eine Cloud-Lösung besonders wichtig, denn diese entscheiden nicht nur über die Stabilität dieser, sondern auch über Flexibilität, Möglichkeiten, Verhalten im Fehlerfall sowie Ressourcennutzung der Cloud-Lösung. Ein vollumfänglicher, kompetenter und zügiger Produktsupport seitens des Herstellers, ist ebenfalls notwendig und wichtig, da im Fehlerfall auf diesen zurückgegriffen und gegebenenfalls Beratungsleistungen in Anspruch genommen werden müssen. Da eine Cloud-Lösung

---

[52] Portnoy & Engel, 2012, S. 73 - 74
[53] Bittman, Margevicius & Dawson, 2014

sehr flexibel und hoch skalierbar sein soll, muss die Virtualisierungssoftware dies unterstützen und eine möglichst hohe Skalierung sowie möglichst wenige oder zumindest in naher Zukunft nur schwer erreichbare Limitierungen, bieten. Um mit der Cloud-Lösung eine nach Möglichkeit breite Zielgruppe anzusprechen, ist die Unterstützung zahlreicher Betriebssysteme notwendig und muss bei der Auswahl der geeigneten Virtualisierungssoftware betrachtet werden. Kosten sind ein immer wichtiger werdender Aspekt, daher müssen Lizenzkosten in die Bewertung der angedachten Lösung entsprechend einfließen. Die Virtualisierungssoftware sowie die eventuell benötigte Managementsoftware muss ziemlich flexibel sein, um bei Änderung der Anforderungen nicht sofort eine andere Software verwenden zu müssen und bei der Gestaltung der Cloud-Lösung möglichst frei zu sein. Tabelle 3 zeigt die Bewertung und Auswahl der Virtualisierungssoftware. Dabei wurde bei der Vergabe der Punkte eine Skala von 0 – 3 Punkten gewählt, wobei 0 ungeeignet, 1 schlecht, 2 gut und 3 sehr gut geeignet bedeutet. Außerdem wurde eine Gewichtung der einzelnen Kriterien vorgenommen.

Kriterien	Gewichtung	VMware vSphere		Microsoft Hyper-V R3	
		Punkte	Ergebnis	Punkte	Ergebnis
Management der VMs	15 %	3	0,45	2	0,3
Funktionen	20 %	3	0,6	2,5	0,5
Produktsupport	15 %	3	0,45	3	0,45
Skalierbarkeit & Limitierungen	15 %	2,5	0,375	3	0,45
Unterstützte Betriebssysteme	10 %	3	0,3	2,5	0,25
Lizenzkosten	15 %	2	0,3	3	0,45
Flexibilität	10 %	3	0,3	2,5	0,25
Summe	100 %		2,775		2,65

Tabelle 3 - Auswahl der Servervirtualisierungssoftware

Beim Management der VMs konnte sich VMware vSphere gegenüber Microsoft Hyper-V R3 durchsetzen, da VMware für die Verwaltung der VMs lediglich eine zusätzliche Software, nämlich den vCenter-Web-Client[54] aus dem eigenen Hause benötigt. Bei Microsoft sind es hingegen bis zu drei verschie-

---

[54] Zimmer et al., 2014, S 334 - 338

dene Werkzeuge, nämlich System Center Virtual Machine Manager (SVCMM)[55], Hyper-V Manager[56] und Powershell[57], was die Administration etwas aufwendiger gestaltet[58]. Bei den Funktionen kann VMware auf eine jahrelange Erfahrung in diesem Segment zurückgreifen und bietet zahlreiche Funktionen, welche bei der Konkurrenz nur teilweise oder gar nicht vorhanden sind, sodass die Maximalpunkte vergeben werden konnten. Microsoft konnte mit Hyper-V R3 allerdings ebenfalls punkten, sodass die beiden Produkte nur ein halber Punkt trennt[59]. Beim Produktsupport sind beide gleich auf, da beide Hersteller einen schnellen und kompetenten Produktsupport gewährleisten. Obwohl VMware mit vSphere schon länger auf dem Markt ist, konnte Microsoft mit Hyper-V R3 überzeugen und bietet eine sehr gute Skalierbarkeit sowie hoch angesetzte Limitierungen. Damit kann Hyper-V, VMwares Flaggschiff vSphere überbieten[60]. Um unabhängig von dem installierten Betriebssystem auf den Clients zu sein, ist es wichtig, dass die Virtualisierungssoftware möglichst viele, vor allem aber die meist verbreitetsten, unterstützt. VMware konnte mit seinem Produkt vSphere die höchste Punktzahl erreichen, da sehr viele Betriebssysteme unterstützt werden. Hyper-V R3 unterstützt ebenfalls zahlreiche und weitverbreitete Betriebssysteme, außer Mac OS X, sodass hier nur ein halber Punkt zur maximalen Punktzahl fehlt. Lizenzkosten sind bei der Virtualisierung ein sehr wichtiges Thema, denn je nach Lizenzmodell der Virtualisierungssoftware, muss pro VM oder pro CPU bezahlt werden. Da Hyper-V R3 bereits in das Betriebssystem von Microsoft Windows Server 2012 R2 integriert ist, ist eine Verwendung nach Installation als zusätzliche Serverrolle möglich. Bei der Administrierbarkeit der VMs muss allerdings bei beiden Kontrahenten eine zusätzliche Software installiert werden, wobei es auch hier Unterschiede gibt und je nach Einsatzzweck, Erweiterungen der Software notwendig sind, was mit einem höher-

---

[55] Dille et al., 2014, S. 553 - 629
[56] Boddenberg, 2014, S. 1250 - 1252
[57] Dille et al., 2014, S. 84 - 89
[58] Radonic, Hyper-V und vSphere: Unterschiede im Management, 2014
[59] Radonic, Netzwerkvirtualisierung optimiert Cloud-Fähigkeiten, 2014
[60] Radonic, VMwares technologischer Vorsprung schmilzt, 2014

wertigen und damit teureren Softwarepaket einhergeht[61]. Daher erreichte beim Kriterium Lizenzkosten Hyper-V R3 die maximal möglichen Punkte, vor VMware vSphere mit zwei Punkten. Um die Cloud-Lösung flexibel gestalten und anbieten zu können, muss auch die Virtualisierungslösung flexibel sein. Mit Fehlertoleranz, Flexibilität in der Ressourcenzuweisung, Backup, Migration und weiteren Funktionen muss die Software ihre Dynamik unter Beweis stellen können[62]. VMware vSphere konnte sich hier gegenüber Hyper-V R3 knapp behaupten. Insgesamt konnte sich bei der Bewertung und Auswahl der Virtualisierungssoftware vSphere von VMware mit 2,775 Punkten gegen Microsoft Hyper-V R3 mit 2,65 Punkten knapp durchsetzen. Damit ist VMware vSphere die präferierte Virtualisierungssoftware und Microsoft Hyper-V R3 wird als Alternative in Kapitel 4.1 betrachtet.

3.3 Fileservice Cloud-Lösung

Bei der Fileservice Cloud-Lösung müssen die Daten entsprechend auf einem Storage gespeichert werden. Da beim Fileservice das Protokoll CIFS, bzw. SMB zum Einsatz kommt, kann entweder ein Network Attached System (NAS), ein Storage Area Network (SAN) oder ein Direct Attached Storage (DAS) verwendet werden. Beim Einsatz eines NAS kann die Cloud-Lösung stark skaliert werden und somit mehrere Petabyte an Daten speichern. Des Weiteren wird CIFS unterstützt, sodass bereits bestehende Fileservice Infrastrukturen beim Kunden relativ einfach migriert werden können. Möchte ein Kunde den Fileservice als klassische Lösung bereitgestellt haben, so kann der Zugriff auf die Daten mittels Freigaben und entsprechender Freigabe- und New Technology File System (NTFS)-Berechtigungen darauf zugreifen. NAS ist im Vergleich zum SAN günstiger, da SAN für eine höhere Performance ausgelegt ist und ein eigenes Netzwerk für die Anbindung des Festplattenverbunds (Disk-Array) benötigt. Dabei werden schnelle Serial Attached SCSI (SAS) Festplatten verwendet, welche teurer als Serial Advanced

---

[61] Radonic, Hyper-V und vSphere: Unterschiede im Management, 2014
[62] Radonic, Microsoft und VMware: Live Migration für alle, 2014

Technology Attachement (SATA) Festplatten sind. Bei beiden Systemen können beide Festplattenvarianten zum Einsatz kommen, wobei bei SAN häufiger die schnellen Festplatten verwendet werden. Beide Typen von Storage eignen sich für den Aufbau einer Hochverfügbarkeitslösung sowie können auch über die Grenzen des Rechenzentrums hinweg, beispielsweise in einem TwinCore Rechenzentrum, implementiert werden. SAN unterstützt allerdings kein CIFS und ist nur über internet Small Computer System Interface (iSCSI) oder FibreChannel (FC) nutzbar. Durch die Einbindung im entsprechenden Server über die Protokolle iSCSI oder FC, kann CIFS genutzt werden, da sich der eingebundene Speicherbereich anschließend wie interne Festplatten verhält[63].

Der DAS ist im Vergleich zu NAS und SAN sehr günstig und wird an einen Server direkt angeschlossen, wodurch eine Unterstützung des CIFS-Protokolls ermöglicht wird. Der Speicherplatz ist dann direkt dem angeschlossenen Server zugewiesen. Andere Server, die diesen Speicherplatz, beispielsweise durch Freigaben, nutzen möchten, sind auf die Verfügbarkeit des freigebenden Servers angewiesen. Für eine Ausfallsicherheit muss im Gehäuse ein Redundant Array of Independent Disks (RAID)-Controller installiert werden, da ansonsten keine Logik und somit keine Ausfallsicherheit vorhanden ist. DAS ist hinsichtlich Skalierbarkeit gegenüber NAS und SAN stark limitiert, sodass dieses Limit bei einer Cloud-Lösung schnell erreicht werden kann und damit weitere Server mit DAS notwendig sind, wodurch mit höheren Betriebskosten zu rechnen ist[64]. Die nachfolgende Abbildung zeigt die Vor- und Nachteile des jeweiligen Storage Typs auf.

---

[63] Troppens, Erkens & Müller, 2008, S. 159 - 162
[64] speicherguide.de, 2013

Direct Attached Storage (DAS)		Network Attached Storage (NAS)		Storage Area Network (SAN)	
Pro	Contra	Pro	Contra	Pro	Contra
günstig	geringe RAID Unterstützung	Unterstützt CIFS und NFS	keine Installation von weiterer Software möglich	für hohe Performance gut geeignet	teuer
Unterstützt CIFS	für Hochverfügbarkeit nur bedingt geeignet	einfaches Management von Dateien	langsamer als SAN	für sich häufig ändernde Dateien geeignet	Unterstützt kein CIFS
einfache Dateiverwaltung	nur bedingte Skalierung möglich	einfacher Zugriff auf Dateien		für Hochverfügbarkeit geeignet	nur über ISCSI oder FC nutzbar
einfacher Zugriff auf Dateien	zusätzlicher RAID-Controller notwendig	für Hochverfügbarkeit geeignet		hohe Skalierung	
direkter Anschluss des Systems an Server	hohe Betriebskosten	günstiger als SAN			
		hohe Skalierung			

Abbildung 6 - Auswahl Storage Typ

Aufgrund der Gegenüberstellung der Vor- und Nachteile der verschiedenen Typen von Storage, wird NAS ausgewählt, da NAS hoch skalierbar und hochverfügbar, günstiger als SAN ist und obendrein CIFS unterstützt. DAS wird in Kapitel 4.1 als Alternative betrachtet. Da der geeignete Typ von Storage ausgewählt wurde, ist noch ein passender Hersteller notwendig. Laut der Gartner Studie vom März 2013, sind hauptsächlich die Unternehmen NetApp, EMC und Hitachi in diesem Segment führend[65].

Das NAS-System sollte neben der Unterstützung des CIFS-Protokolls, weitere Funktionen wie beispielsweise die Erstellung von Snapshots, Quotierung von Speicherbereichen, Logging-Funktionalität, Integration ins AD sowie eine einfache Administrierbarkeit bieten. Da eine Cloud-Lösung eine sehr hohe Verfügbarkeit aufweisen muss, ist Stabilität und Hochverfügbarkeit ein besonders wichtiges Thema. Denn bei Nichteinhaltung der SLAs, muss der Anbieter eine zuvor vereinbarte Vertragsstrafe an den Kunden entrichten. Der Herstellersupport soll nicht nur schnell, sondern auch kompetent erbracht werden. In Fehlerfällen, aber auch bei technischen Fragen, muss es möglich sein, Consultingleistungen in Anspruch zu nehmen. Das ständige Wachstum einer Cloud-Lösung muss durch das Storage System ebenfalls unterstützt

---

[65] Zaffos, Cox & Filks, 2013

werden. Daher ist die Skalierbarkeit von großer Bedeutung, wie auch die Limitierungen des Systems, welche möglichst hoch oder in naher Zukunft uner-
reichbar sein sollten. Da es ein gutes Produkt, trotz hoher Qualität, am Markt
schwer hat, wenn es zu teuer ist, müssen sich auch die Kosten für das Storage System samt Erweiterungen im Rahmen halten. Daher sind möglichst
niedrige Anschaffungs- und Lizenzkosten wichtig. Tabelle 4 zeigt die Bewertung sowie Auswahl der Storage Hersteller. Die Vergabe der Punkte richtet
sich an der bereits bekannten Skala von 0 – 3 Punkten mit entsprechender
Gewichtung des jeweiligen Kriteriums.

Kriterien	Gewichtung	NetApp		EMC		Hitachi	
		Punkte	Ergebnis	Punkte	Ergebnis	Punkte	Ergebnis
Funktionen	20 %	3	0,6	2,5	0,5	2,5	0,5
Stabilität & Hoch-verfügbarkeit	25 %	3	0,75	3	0,75	2,5	0,625
Support	15 %	2,5	0,375	3	0,45	2	0,3
Skalierbarkeit & Limitierungen	20 %	3	0,6	1	0,2	2	0,4
Anschaffungs- und Lizenzkosten	20 %	3	0,6	2,5	0,5	2	0,4
Summe	100 %		2,925		2,4		2,225

Tabelle 4 - Auswahl Storage Hersteller

Bei den Funktionen konnte sich der Hersteller Netapp mit drei Punkten vor
EMC und Hitachi, welche jeweils einen halben Punkt zurückliegen, behaupten. Besonders die Snapshot-Funktionalität und das Betreiben von virtuellen
Fileservice Servern, direkt auf der NetApp, konnten gegenüber der Konkurrenz überzeugen. Stabilität und Hochverfügbarkeit ist bei NetApp und EMC
sehr hoch, wodurch die maximalen Punkte vergeben wurden. Der Hersteller
Hitachi konnte ebenfalls eine hohe Verfügbarkeit aufweisen und liegt damit
nur einen halben Punkt an dritter Stelle. Beim Support konnte sich EMC vor
NetApp und Hitachi durchsetzen[66]. Beim Kriterium Skalierbarkeit konnte sich
NetApp deutlich von den anderen Herstellern absetzen. NetApp kann bis zu
einer Speicherkapazität von 69 PB skaliert werden[67], Hitachi hingegen nur

---

[66] Castagna, 2012
[67] NetApp, Datenblatt NetApp FAS8000 Serie, 2014

bis 32 PB[68] und EMC lediglich bis zu einer Kapazität von 6 PB[69]. Um die Anschaffungs- und Lizenzkosten bewerten zu können, wurden Angebote bei den jeweiligen Herstellern eingeholt. Alle Angebote basieren auf der Annahme eines hochverfügbaren NAS-Systems mit einer Speicherkapazität von circa 1 PB und einem Cache-Modul, samt Lizenzen, Servicekosten, Kabeln etc. Dabei kostet ein NAS-System des Herstellers NetApp in der oben beschriebenen Konfiguration 1.167.221,00 Euro inklusive Lizenzen und Servicekosten[70]. Das NAS-System des Herstellers EMC in derselben Ausprägung schlägt mit 1.319.912,00 Euro[71] zu Buche, bei Hitachi sind 1.409.367 Euro[72] fällig. Tabelle 5 stellt zusammenfassend eine Übersicht über die Skalierbarkeit und den Kosten der jeweiligen Hersteller dar.

Firma	Produkt	Skalierbarkeit	Kosten
NetApp	FAS 8060	69 PB	1.167.221,00 €
Hitachi	Modell 4100	32 PB	1.409.367,00 €
EMC	VNX 7600	6 PB	1.319.912,00 €

Tabelle 5 - Übersicht Skalierbarkeit und Kosten der Storage Hersteller

Bei den Preisen muss noch erwähnt werden, dass die Storage Hersteller, je nach Auftragsvolumen, Größe und Wichtigkeit des Auftrags für beispielsweise eine Referenz, Rabatte zwischen 50 - 80 % auf den Listenpreis gewähren. Dies ist selbstverständlich auch vom Verhandlungsgeschick des jeweiligen potenziellen Kunden bzw. dessen Einkaufsabteilung, abhängig.

Die Auswahl fällt damit auf das NAS-System des Herstellers NetApp. Als Alternative können vorrangig Hitachi und EMC betrachtet werden. Auch wenn EMC insgesamt ein gutes Produkt anbietet, so ist die Skalierbarkeit mit nur 6 PB im Enterprise Umfeld, etwas gering. Allerdings ist hinzuzufügen, dass die Produkte des jeweiligen Herstellers sehr unterschiedlich sind, sodass jeder Hersteller seine Vor- und Nachteile hat und je nach Einsatzzweck, Vorhaben

---

[68] Hitachi, 2014
[69] EMC, 2014
[70] Vgl. Abbildung 17 und Abbildung 18
[71] Vgl. Abbildung 19 und Abbildung 20
[72] Vgl. Abbildung 24

und Anforderungen, die Bewertung und Auswahl zu einem anderen Ergebnis führen kann.

Nachdem nun der Hersteller für Storage ausgewählt wurde, muss anschließend die passende Fileservice Cloud-Software gefunden werden. Bei der Recherche nach den voraussichtlich passenden Herstellern wurde darauf geachtet, dass das Protokoll CIFS unterstützt wird, der Aufbau der Lösung möglichst autark und ohne jeglicher Verbindung zum Hersteller-Rechenzentrum möglich ist sowie die Cloud-Software auf der bestehenden Fileservice Infrastruktur implementiert werden kann. Des Weiteren ist darauf zu achten, dass die Software unabhängig von gegebenenfalls angebotenen Hardware- oder weiteren Softwareprodukten ist. Denn wenn der Hersteller gewechselt werden muss, ist ein einfacher Wechsel nicht ohne Weiteres möglich. Die Fileservice Cloud-Software muss dabei die wichtigsten Client Betriebssysteme sowie die der mobilen Endgeräte unterstützten. Besonders wichtig ist die Unterstützung von iOS, Android, Windows Phone, Windows 7 und Windows 8.1 sowie Mac OS X. Außerdem wird Flexibilität von der Fileservice Cloud-Software gefordert, um beispielsweise das Look & Feel der Software, der Applikationen auf den mobilen Endgeräten (Apps) sowie des Webinterfaces an den jeweiligen Kunden anpassen zu können. Außerdem muss es möglich sein, mit mehreren Geräten zur selben Zeit mit der Software und den Dokumenten arbeiten zu können. Damit die angestrebte Lösung am Markt erfolgreich sein kann, ist es wichtig, dass es die wichtigsten Fileservice Cloud-Funktionen unterstützt. Wie beispielsweise eine auf Zeit beschränkte Freigabe von Dateien und Verzeichnissen mit der Möglichkeit, die Freigabe mit einem Passwort zu versehen und die Dauer der Freigabe festzulegen. Um die Anschaffungskosten für die gesamte Lösung verteilen zu können, muss auch die Fileservice Cloud-Software mandantenfähig sein und somit multitenancy[73] unterstützen, damit mehrere Mandanten auf einer Plattform betrieben und verwaltet werden können[74]. Des Weiteren muss die Software hoch skalierbar sein und möglichst wenige Limitierungen besitzen, um

---

[73] engl. Mandantenfähigkeit
[74] Halpert, 2011, S. 3

die Kosten niedrig zu halten, indem möglichst viele Benutzer verwaltet werden können und die Lösung dennoch stabil arbeitet. Je größer die Anzahl an Benutzern ist, desto mehr Lizenzen werden benötigt und die Kosten steigen damit weiter an. Daher ist es wichtig, dass die Lizenzkosten sich im Rahmen halten und die Fileservice Cloud-Lösung nicht unnötig teuer machen. Die nachfolgende Tabelle zeigt die Bewertung und Auswahl der Fileservice Cloud-Software. Bei der Punktevergabe wurde die bereits bekannte Skala von 0 – 3 Punkten mit entsprechender Gewichtung des jeweiligen Kriteriums, herangezogen.

Kriterien	Gewich-tung	Citrix		Gladinet		SME		Ctera	
		Punk-te	Ergeb-nis	Punk-te	Ergeb-nis	Punk-te	Ergeb-nis	Punk te	Ergeb-nis
Unterstützung von CIFS	15 %	1	0,15	3	0,45	2	0,3	1	0,15
dedizierter Aufbau im RZ möglich	12 %	0	0	3	0,36	3	0,36	2,5	0,3
Abhängigkeiten	5 %	1	0,05	3	0,15	2,5	0,125	1,5	0,075
Mobile Device Unterstützung	7 %	3	0,21	3	0,21	3	0,21	3	0,21
Flexibilität	8 %	2	0,16	3	0,24	3	0,24	2	0,16
Funktionen	10 %	2,5	0,25	2,5	0,25	3	0,3	2	0,2
Multitenancy	8 %	1,5	0,12	2	0,16	2	0,16	2	0,16
Skalierbarkeit & Limitierungen	17 %	2,5	0,425	3	0,51	3	0,51	2	0,34
Lizenzkosten	18 %	1	0,18	3	0,54	2,5	0,45	1,5	0,27
Summe	**100 %**		**1,55**		**2,87**		**2,66**		**1,87**

Tabelle 6 - Auswahl Fileservice Cloud-Software

Die Unterstützung des Protokolls CIFS konnte nur ein Hersteller erfüllen, dies war Gladinet. Alle anderen Hersteller nutzen entweder Web-based Distributed Authoring and Versioning (WebDAV)[75] oder eigene Schnittstellen und Mechanismen. Ein dedizierter Aufbau im eigenen Rechenzentrum ohne einer Verbindung zum jeweiligen Hersteller konnten drei der vier Hersteller erfüllen. So kann die Cloud-Software der Hersteller Gladinet, SME und Ctera ohne einer Verbindung zum Hersteller aufgebaut werden. Citrix hingegen benö-

---

[75] Whitehead & Goland, 2014

tigt eine Verbindung zum Sharefile Server, welcher sich im Rechenzentrum von Citrix befindet[76]. Damit besteht eine starke Abhängigkeit zum Hersteller Citrix, da ohne einer Verbindung zum Citrix Sharefile Server die Lösung nicht aufgebaut werden kann. Außerdem ist dies ein Sicherheitsproblem, da Citrix ein amerikanisches Unternehmen ist und somit Metadaten speichern könnte, welche sicherheitsrelevante Informationen beinhalten können. Auch bei Ctera besteht eine Abhängigkeit zum Hersteller, da für den Aufbau der Lösung, die Hardware des Herstellers verwendet werden muss, weil die Cloud-Software dieses Herstellers kein CIFS unterstützt, sondern eine eigene Schnittstelle[77], den Ctera cloud storage gateway, welche zugleich eine eigene Hardware einschließt, besitzt[78]. SME stellt eine Lösung bereit, welche zwar keine Verbindung zum Hersteller benötigt und keine herstellereigene Hardware verwendet, allerdings ein eigenes System auf Linux-Basis nutzt[79]. Lediglich Gladinet stellt eine Software bereit, die keinerlei Abhängigkeiten hat[80]. Bei der Unterstützung der unterschiedlichen Betriebssysteme und mobiler Endgeräte sind alle vier Hersteller gleich auf und unterstützen die notwendigen Betriebssysteme. Durch die starke Abhängigkeit der beiden Hersteller Citrix und Ctera ist auch die Flexibilität etwas eingeschränkt, sodass eine vollständige Anpassung auf das gewünschte Look & Feel nicht möglich ist, da immer eine Komponente der beiden Hersteller notwendig und ersichtlich ist. Gladinet und SME hingegen können vollständig auf das entsprechende Look & Feel angepasst werden. Bei den Funktionen können Ctera[81], Citrix[82], Gladinet[83], vor allem aber SME[84] überzeugen. Sie bieten die notwendigen Funktionen zum Teilen, Usermanagement, Datenmanagement und sichere Übertragung über HTTPS. Den auf den Webseiten der Hersteller bereitgestellten Informationen und Architekturbilder zufolge, kann man ableiten,

---

[76] Citrix, ShareFile Enterprise technical Overview, 2014
[77] Ctera, Secure File Access and Sharing on Mobile Devices, 2014
[78] Ctera, Cloud Storage Gateways with full NAS features, CIFS, NFS, AFP, rsync, 2014
[79] SME, Appliance Architecture Overview, 2014
[80] Gladinet, Cloud Enterprise Technical White Paper, 2014
[81] Ctera, Secure File Access and Sharing on Mobile Devices, 2014
[82] Citrix, ShareFile - Enterprise Data Sheet, 2014
[83] Gladinet, Cloud Enterprise - Feature Gallery, 2014
[84] SME, Storage Made Easy on-site EFSS Feature List, 2014

dass Gladinet[85], SME[86] und Ctera[87] multitenancy unterstützen, ebenso auch Citrix[88], wobei bei Citrix die Verbindung zum eigenen Server des Herstellers notwendig ist und damit multitenancy nur eingeschränkt möglich ist. Daher bleibt bei allen Herstellern ein Restrisiko, da die genaue Funktionalität und Möglichkeiten von multitenancy nur in Zusammenarbeit mit dem jeweiligen Hersteller verifiziert werden können. Aus diesem Grund konnten maximal zwei von drei Punkten vergeben werden. Bei Skalierbarkeit und Limitierungen ist bei Gladinet, wie auch bei SME festzuhalten, dass diese auf dem ausgewählten NAS-System aufbauen und somit hauptsächlich die Möglichkeiten der Skalierung und die Limitierungen des NAS-Systems im Vordergrund stehen. Bei Gladinet kommt noch die Beschränkung des Microsoft Structered Query Language (SQL) Servers und bei SME die des Internet Information Services (IIS) Servers sowie WebDAV hinzu. Bei Ctera ist die Skalierung und Limitierung die eigene Hardware[89]. Auch Citrix bietet selbst große Cloud-Lösungen an, Limitierung ist hier ebenfalls die Citrix eigene Hard- und Software im Citrix-Rechenzentrum. Um das Kriterium Lizenzkosten bewerten zu können, wurde bei den jeweiligen Herstellern eine Preisanfrage für bis zu 150.000, 150.000 bis 500.000, 500.000 bis 1.000.000 sowie für mehr als 1 Million Benutzer gestellt. Anhand der vorliegenden Angebote ergeben sich bei den Lizenzkosten sehr starke Differenzen zwischen den vier Herstellern. Bei den erhaltenen Angeboten ist Citrix mit Abstand am Teuersten[90], Ctera ist etwas günstiger als Citrix[91], allerdings noch immer sehr teuer gegenüber Gladinet und SME. Gladinet ist eindeutig am Günstigsten[92], gefolgt von SME[93]. Dabei sind Größe, Alter und Marktpräsenz des Unternehmens für die Preisgestaltung von Bedeutung. Allerdings ist hinzuzufügen, dass Ctera und vor allem Citrix, mehr als nur eine Fileservice Cloud-Software anbieten, sodass in Kombination mit weiteren Produkten der beiden Hersteller,

---

[85] Gladinet, Cloud Enterprise Technical White Paper, 2014
[86] SME, High Availability & Failover options, 2014
[87] Ctera, Private Enterprise File Sync & Share Whitepaper, 2014
[88] Citrix, ShareFile Enterprise technical Overview, 2014
[89] Ctera, Cloud Storage Gateways with full NAS features, CIFS, NFS, AFP, rsync, 2014
[90] Vgl. Abbildung 14
[91] Vgl. Abbildung 13
[92] Vgl. Abbildung 15
[93] Vgl. Abbildung 16

sich die Lizenzkosten aufgrund größerer Abnahmemengen und Nutzung weiterer Produkte senken lassen würden, wodurch die Eignung und somit die Bewertung der beiden Produkte unterschiedlich ausfallen könnte.

Anhand der Übersicht ist ersichtlich, dass sich Gladinet mit 2,87 Punkten knapp vor SME mit 2,66 Punkten behaupten kann. Damit ist Gladinet die präferierte Fileservice Cloud-Software und SME kann in Verhandlungen als Alternative betrachtet werden, findet in der weiteren Arbeit allerdings keine weitere Betrachtung. Citrix wird aufgrund der erhaltenen null Punkte bei der Möglichkeit eines dedizierten Aufbaus im eigenen Rechenzentrum sowie der möglichen Speicherung von Metadaten im Citrix Rechenzentrum, welche sicherheitsrelevante Daten enthalten können, als keine mögliche Alternative angesehen. Bei Ctera sind die Abhängigkeiten zwar nicht so gravierend wie bei Citrix, jedoch wird Ctera ebenfalls als keine mögliche Alternative angesehen, da die Bindung an die eigene Hardware eine zu starke Einschränkung bei der Flexibilität darstellt und bei einem Herstellerwechsel, zusätzliche Kosten verursachen kann.

Da die ausgewählte Fileservice Cloud-Software eine SQL-Datenbank sowie einen IIS Server von Microsoft benötigt, entfällt die Auswahl dieser beiden Komponenten, da es sich um feste Abhängigkeiten handelt. Zudem installiert die Gladinet Cloud-Software, laut der Herstellerwebseite, die erforderlichen Komponenten, wie IIS und SQL automatisch[94]. Damit die Benutzer die Fileservice Cloud-Lösung benutzen können, müssen unterschiedliche Betriebssysteme für die Clients und mobilen Endgeräte ausgewählt werden. Außerdem sind Microsoft Server Betriebssysteme notwendig, um die Fileservice Cloud-Software sowie deren Abhängigkeiten zu installieren. Bei der Auswahl von Microsoft Server sowie Client Betriebssystemen werden lediglich die aktuellsten Produkte mit erhältlichem Herstellersupport betrachtet. Somit wird bei den Server Betriebssystemen von Microsoft, lediglich die Version Windows Server 2012 R2 betrachtet, da diese am Aktuellsten ist, Hyper-V R3 unterstützt, weitere Verbesserungen des Server Betriebssystems sowie

---

[94] Gladinet, Cloud Enterprise Quick Start Guide, 2014

mehr Funktionen enthält[95]. Bei den Microsoft Windows Client Betriebssystemen, wird lediglich Windows 7 sowie Windows 8.1 betrachtet, da für ältere Versionen des Betriebssystems kein offizieller Support von Microsoft mehr erhältlich ist und der erweiterte Support deutlich teurer ist[96]. Außerdem ist es wirtschaftlich sowie aus Sicherheitsgründen nicht sinnvoll, Produkte ohne gültigen und erhältlichen Herstellersupport zu unterstützen und diese zu betrachten, da diese einen erheblichen Aufwand und Kosten verursachen und noch dazu Sicherheitsrisiken aufweisen können.

Die Auswahl der mobilen Endgeräte ist deutlich einfacher, denn es soll nach Möglichkeit jedes mobile Endgerät verwendet werden können, mit Ausnahme von Blackberry Operation System (OS). Der Grund für die Nichtbetrachtung von Blackberry OS ist, dass die Verbreitung des Betriebssystems immer stärker zurückgeht und damit lediglich iOS des Unternehmens Apple als Marktführer, gefolgt von Android von Google sowie das Betriebssystem Windows und Windows Phone von Microsoft beim Einsatz in Firmen übrig bleiben[97]. Im allgemeinen Smartphone-Markt ist Android Marktführer vor iOS und Windows[98]. Die Prognose bis zum Jahre 2018 bestätigt den anhaltenden Trend, sodass Android weiterhin Marktführer vor iOS und Windows Phone auf dem allgemeinen Smartphone-Markt bleiben wird[99]. Die Betrachtung beider Hinsichten ist deshalb wichtig, weil die Mitarbeiter oder externe Fachkräfte der Kunden ihre eigenen Geräte mitbringen und benutzen können, Stichwort Bring-Your-Own-Device (BYOD).

3.4 Zusammenfassung der analysierten Komponenten

Zusammenfassend werden die in Betracht kommenden Komponenten und ausgewählten Produkte der jeweiligen Hersteller, welche für eine Fileservice Cloud-Lösung notwendig sind, in Tabelle 7 dargestellt.

Ausgewählte Komponenten

[95] Joos, 2014
[96] Microsoft, Informationsblatt zum Lebenszyklus von Windows, 2014
[97] Schneider, 2014
[98] Brandt, 2014
[99] Statista.com, 2014

Firma	Typ	Produkt	erreichte Punkte	mögliche Punkte
-	Storagetyp	NAS	-	-
VMware	Virtualisierungssoftware	VMware vSphere	2,775	3
NetApp	Storage	NetApp FAS 8060	2,925	3
Gladinet	Fileservice Cloud-Software	Gladinet Cloud	2,870	3

Tabelle 7 - Übersicht der ausgewählten Komponenten

Storage Typ, Virtualisierungssoftware, Storage sowie Fileservice Cloud-Software wurden analysiert und ausgewählt. Die Auswahl des Storage Typs fand allerdings ohne Punktevergabe, sondern mittels Gegenüberstellung der Vor- und Nachteile statt. Virtualisierungssoftware, Storage sowie Fileservice Cloud-Software wurden mit Punkten versehen, gewichtet und ausgewertet. Microsoft SQL, Client und Server Betriebssysteme sowie die Betriebssysteme für mobile Endgeräte wurden nicht mit anderen Produkten verglichen, da diese Produkte entweder als Voraussetzung notwendig sind oder ein Ausschluss dieser nicht sinnvoll ist. Eine Übersicht dieser Komponenten ist in Tabelle 8 ersichtlich.

Gegebene Komponenten		
Firma	Typ	Produkt
Microsoft	SQL	SQL Server
Microsoft	Client Betriebssystem	Win7 und Win8.1
Microsoft	Server Betriebssystem inklusive IIS)	Windows Server 2012 R2
Microsoft	Smartphone Betriebssystem	Windows Phone
Apple	Smartphone Betriebssystem	iPhone und iPad
Google	Smartphone Betriebssystem	Android Phone und Tablet

Tabelle 8 - Übersicht der gegebenen Komponenten

4 Architekturvorschläge zur Lösung

Um eine entsprechende Fileservice Cloud-Lösung zu realisieren, welche den Anforderungen entspricht, bedarf es einer Betrachtung mehrerer Alternativen. Die Betrachtung und Gegenüberstellung mehrerer Architekturvorschläge soll dazu führen, dass die Vor- und Nachteile aus technischer sowie wirtschaftlicher Sicht der jeweiligen Lösung klar ersichtlich sind. Anhand dessen kann anschließend die Machbarkeit sowie der Einsatzzweck der jeweiligen Lösung eruiert werden. In den nachfolgenden Kapiteln werden unterschiedliche Architekturalternativen vorgestellt und anschließend wird die präferierte Lösung, welche sich aus der Herstellerauswahl der jeweiligen Komponenten aus dem vorherigen Kapitel ergeben hat, im Detail beschrieben. Die Vor- und Nachteile der jeweiligen Lösung werden aus technischer Sicht in Kapitel 4.5 aufgezeigt.

4.1 Kritische Diskussion verschiedener Architekturvorschläge

Für den ersten Architekturvorschlag werden die Produkte der erstplatzierten Hersteller verwendet. Demnach kommt der Storage von NetApp und wird als ein Cluster in zwei Rechenzentren (TwinCore) aufgebaut, sodass eine Hochverfügbarkeit und Ausfallsicherheit erreicht wird. Bei einem möglichen Ausfall übernimmt somit der zweite Knoten die Arbeiten des Ersten und auch die Daten sind mittels Spiegelung vor Datenverlust geschützt. Da das ausgewählte System ein NAS ist und somit für Fileservice optimiert ist, wird der Fileservice direkt auf diesem als virtuelle Maschine realisiert. Zur Virtualisierung der weiteren benötigten Server ist ein ESX Cluster von Nöten, auf dem VMware vSphere installiert werden kann. Die notwendigen Ressourcen für die virtuellen Server werden durch den ESX Cluster bereitgestellt, Storage hingegen vom NetApp Cluster. Abbildung 7 zeigt einen groben Überblick des ersten Architekturvorschlags.

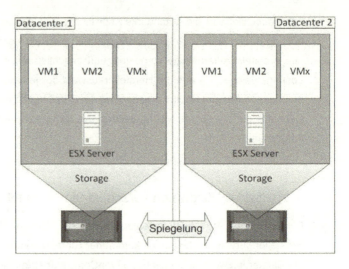

Abbildung 7 - Architekturvorschlag 1 - grober Überblick

Neben der angedachten Fileservice Cloud-Lösung kann anstatt dem teureren NAS, auch der günstige DAS verwendet werden. Außerdem kann VMware vSphere durch Microsofts Hyper-V ersetzt werden. Dadurch ändert sich die Architektur der Lösung auf DAS mit Microsoft Hyper-V als Virtualisierungssoftware. Darüber hinaus wird der Fileservice mit Microsofts Distributed File System (DFS) aufgebaut. Damit werden die Daten zwischen zwei Servern repliziert, die Verfügbarkeit des Fileservices wird erhöht und zusätzlich wird einem Datenverlust vorgebeugt. Für die anderen virtuellen Server kann Hyper-V Replica verwendet werden, sodass die Daten dieser ebenfalls redundant vorhanden sind[100]. Allerdings wird mit dieser Architektur keine Hochverfügbarkeit erreicht. Abbildung 8 zeigt einen groben Überblick des zweiten Architekturvorschlags.

---

[100] Boddenberg, 2014, S. 828 - 851

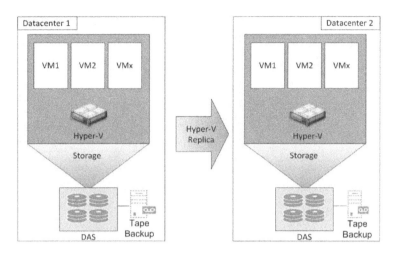

Abbildung 8 - Architekturvorschlag 2 - grober Überblick

Eine weitere mögliche Alternative wäre, den Storage für die Fileservice Cloud-Lösung von einem externen Anbieter zu beziehen. Mit dieser Alternative würde der externe Anbieter die Hardware aufbauen und konfigurieren. Die Fileservice Cloud-Software würde den Storage des externen Anbieters, beispielsweise Cloud Storage[101], einbinden und nutzen. Dieser kann je nach Bedarf einfach oder redundant ausgelegt bezogen werden. Als Virtualisierungssoftware würde Hyper-V R3 von Microsoft zum Einsatz kommen, da ein einfacher und somit günstiger Speicher bezogen und mittels Hyper-V Replica eine höhere Verfügbarkeit und Ausfallsicherheit geschaffen werden kann. Alternativ kann mittels Storage Spaces der extern bezogene Speicher virtualisiert werden, sodass ein Software RAID entsteht[102]. Abbildung 9 zeigt einen groben Überblick des dritten Architekturvorschlags.

---

[101] Stickland, 2014
[102] Boddenberg, 2014, S. 865 - 870

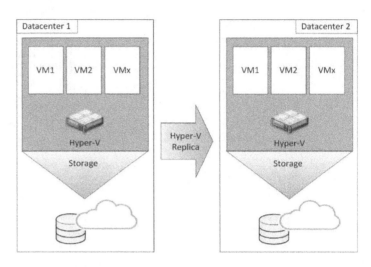

Abbildung 9 - Architekturvorschlag 3 - grober Überblick

Aufgrund der verschiedenen Betrachtungsweisen der drei Architekturvorschläge zur Lösung muss stets abgewägt werden, welche Risiken am geringsten sind und in Kauf genommen werden können und welche Anforderungen an die Lösung gestellt werden. Außerdem ist der Verwendungszweck der Lösung von Bedeutung. Möchte man als Anbieter auftreten, so sind andere Maßstäbe anzusetzen, als wenn die Lösung nur für den internen Gebrauch vorgesehen ist.

4.2 Ausgewählter Architekturvorschlag für die Fileservice Cloud-Lösung

Aufgrund der kritischen Betrachtung der drei vorgestellten Architekturvorschläge wird nachfolgend die erste vorgeschlagene Lösung im Detail beschrieben.

Zunächst werden Überlegungen angestellt, wie die Lösung aufgebaut werden soll, bzw. welche Zonen benötigt und welche Server in welcher dieser

Zonen aufgestellt werden. Für eine höhere Sicherheit wird eine Demilitarisier-te Zone (DMZ) benötigt[103]. In dieser befinden sich die Server, welche auch aus dem Internet erreichbar sein müssen und keine sicherheitsrelevanten Daten beinhalten, wie beispielsweise Proxy-Server. Die in der DMZ befindli-chen Server sind aus Sicherheitsgründen nicht im AD. Des Weiteren werden zwei unterschiedliche und voneinander getrennte Zonen, nämliche eine Customer Service Area (CSA) und eine Operations Area (OPS Area) errich-tet. Die CSA wird in zwei Bereiche unterteilt, nämlich in Manage und Work-place. Im Bereich Manage befinden sich diejenigen Server, die beispielswei-se zur Benutzerauthentifizierung über das AD, benötigt werden. Damit ist es dem Benutzer möglich, sich mit seinem AD Account an seinem Client anzu-melden. Der Bereich Workplace enthält alle Server, die den Hauptbestandteil des Dienstes abbilden, der Benutzer für seine Arbeit benötigt und mit denen er ständig in Verbindung steht. Darin sind demzufolge die Server enthalten, welche für Fileservice und die Cloud-Software von Nöten sind. Damit bildet der Bereich Workplace die zentralen Dienste ab. Die DMZ sowie CSA wer-den dabei für jeden Kunden dediziert aufgebaut.

In der OPS Area sind die Server enthalten, die für die Verwaltung von zentra-len Services notwendig sind, wie beispielsweise PKI, Antivirensoftware und WSUS. Deshalb kann die OPS Area kundenübergreifend verwendet werden. Die Benutzer des Kunden erreichen die Fileservice Cloud-Lösung über eine gesicherte HTTPS Verbindung. Für zusätzliche Sicherheit sorgen Hardware-Firewalls zwischen der DMZ und der CSA sowie zwischen CSA und der OPS Area. Da für eine Cloud-Lösung Ausfallsicherheit und Hochverfügbarkeit wichtig sind, wird die Lösung in einem TwinCore Rechenzentrum aufgebaut. Die nachfolgende Abbildung zeigt das grobe Architekturbild der Fileservice Cloud-Lösung mit den verschiedenen Zonen, Bereichen sowie Server.

---

[103] Kappes, 2013, S. 186 - 190

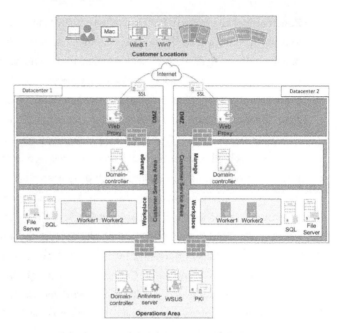

Abbildung 10 - grobes Architekturbild der Fileservice Cloud-Lösung

Nachdem eine grobe Architektur samt Zonen- und Servereinteilung vorliegt, wird die detaillierte Architektur näher beschrieben. Zunächst muss das NAS-System in Form eines Clusters, bzw. bei NetApp heißt es MetroCluster, mit zwei Knoten erstellt werden. Da der Aufbau allerdings in einem TwinCore Rechenzentrum geplant ist, muss ein Fabric MetroCluster aufgebaut werden, welcher sich laut Hersteller über eine Entfernung von bis zu 200 Kilometern erstrecken kann. Die Limitierung auf 200 Kilometer ist deshalb gesetzt, weil bei einer zu großen Entfernung der beiden Knoten voneinander, die Latenzzeit zu hoch ist und die beiden Knoten nicht mehr schnell genug miteinander kommunizieren können, sodass der Cluster nicht mehr funktional ist und somit jeder Knoten seine Arbeit für sich verrichtet. Dazu sind FC Switche notwendig, welche redundant in beiden Rechenzentren aufgebaut und über den internen Switchlink mittels Dark Fiber[104] verkabelt werden. Zusätzlich werden die Switche über FC mit dem Storage-Controller sowie den Disk-Shelfs verbunden. Dabei werden Disk-Shelfs aus dem gleichen Rechenzentrum, indem sich ebenfalls der zugehörige Storage-Controller befindet und zusätzlich die Disk-Shelfs, welche dem zweiten Rechenzentrum, bzw. dem zweiten Storage-Controller zugehörig sind und somit den Spiegel bilden, an den Switchen in den beiden Rechenzentren angeschlossen. Damit wird eine Hochverfügbarkeit sowie Ausfallsicherheit erreicht, da beide NAS-Systeme als Metro-Cluster aufgebaut sind und die Daten synchron zwischen beiden Knoten übertragen werden. Im Falle eines Ausfalls von Storage-Controller oder des gesamten Rechenzentrums übernimmt der zweite Knoten die Arbeiten des ersten Knotens[105]. Dabei sollen beide Knoten jeweils maximal zur Hälfte ausgelastet werden, um im Falle eines Ausfalls eines Knotens, dessen Arbeitslast übernehmen zu können.

Das Backup wird so eingerichtet, dass sich die Daten des ersten Knotens auf dem zweiten Knoten und umgekehrt befinden. Dabei wird das Backup asynchron während nutzungsarmer Zeit durchgeführt und für 14 Tage vorgehalten. Die SATA Festplatten werden in den Disk-Shelfs untergebracht, welche bis zu 48 der 4 Terrabyte (TB) SATA Festplatten in einem von Netapp entwickelten RAID Double Parity (DP), was einem weiterentwickelten RAID 4 unter Verwendung von anderen Datenblöcken und zwei Parity Festplatten entspricht, aufnehmen können. Da die SATA Festplatten langsamer als SAS oder Solid State Drives (SSDs) sind, bieten die Storage Hersteller sogenannte Cache-Module an. Diese Cache-Module dienen dazu, dass die Datenzugriffe auf zuvor gelesene Daten beschleunigt werden. Der Cache-Speicher auf solchen Modulen ist zwar beschränkt, bringt dennoch zahlreiche Vorteile, wie beispielsweise geringere Kosten für Festplatten und Strom sowie geringeren Platzbedarf im Rechenzentrum, da weniger Festplatten benötigt werden. Auch die bereits vorhandene Kapazität wird so effizienter ausgenutzt[106].

---

[104] ITWissen, 2014
[105] Brooks, 2014
[106] NetApp, Datenblatt NetApp Flash Cache, 2013

Um eine weitere Kostensenkung zu erreichen und die Speicherkapazität besser ausnutzen zu können, wird Deduplizierung verwendet. Dies ermöglicht eine Einsparung der Speicherkapazität von bis zu 90 %, je nach Art der Applikation sowie der darauf befindlichen Daten[107].

Um virtuelle Maschinen bereitstellen zu können, wird ein ESX Server benötigt. ESX ist das Betriebssystem von VMware, basierend auf Linux, welches auf einem von VMware zertifizierten Server installiert werden muss, bevor vSphere verwendet werden kann. Zertifizierte Hardware für die Nutzung von ESX kann auf der Webseite von VMware in Erfahrung gebracht werden[108]. Die virtuellen Maschinen werden auf dem ESX Server erstellt und bekommen die Ressourcen wie Netzwerkkarten, Arbeitsspeicher sowie Prozessorkerne vom ESX Server zugewiesen. Der benötigte Storage für die virtuellen Maschinen wird mittels Logical Unit Numbers (LUNs) vom NAS-System zugewiesen. Diese werden über iSCSI als iSCSI Targets im ESX Server eingebunden und können in gleicher Art und Weise, wie interne Festplatten im RAID-Verbund genutzt werden. Der ESX Server wird wie das NAS-System ebenfalls hochverfügbar und somit als Cluster aufgebaut. Dazu wird der ESX Server über FC an die FC Switche angeschlossen, welche wiederum redundant aufgebaut werden und über einen internen Switchlink verbunden sind. Die Kommunikation zwischen ESX Server und dem NAS-System erfolgt dabei über das Local Area Network (LAN) und sind mit 10 Gigabit (Gbit) über einen Ethernet-Switch miteinander verbunden. Alle Dienste, welche Microsoft Server als Betriebssystem benötigen, werden mit ESX virtualisiert. Der Fileservice Server wird ebenfalls virtualisiert, allerdings direkt auf dem NAS-System als virtuelle Maschine. Dies ist möglich, weil das ausgewählte NAS-System, aber auch andere, Fileservice Funktionen unterstützt und dafür optimiert ist. Damit sich die verschiedenen Systeme untereinander erkennen, Benutzer- und Administratorkonten sowie notwendige Gruppen und Gruppenrichtlinien erstellt und verwaltet werden können, wird ein AD und ein Domain Name System (DNS) benötigt. Das AD wird ebenfalls virtuell auf dem

---

[107] Alvarez, 2014
[108] VMware, VMware Compatibility Guide - System Search, 2014

ESX Server aufgebaut. Dabei wird eine Domain, beispielswiese *company.com* benötigt, unter der eine Subdomain, beispielsweise *cloud.company.com* erstellt wird. Diese stellt die zentrale Domain für die Cloud-Lösung dar. Weitere Subdomains werden für die OPS Area, beispielsweise *ops.cloud.company.com* sowie für die pro Kunden dedizierte CSA erstellt, beispielsweise *akad.cloud.company.com*. Über die Subdomain der CSA wird der Zugriff auf die Fileservice Cloud-Lösung über das Internet sowie Intranet realisiert. Die Implementierung der Fileservice Cloud-Lösung findet im Bereich Workplace der CSA statt.

Um eine sichere Verbindung herstellen zu können, wird ein zertifiziertes und vertrauenswürdiges SSL-Zertifikat benötigt. Ohne einer gültigen Zertifizierung durch eine Zertifizierungsstelle, kann es zu Problemen mit den mobilen Endgeräten kommen. Denn bei nicht vertrauenswürdigen SSL-Zertifikaten erscheint eine entsprechende Fehlermeldung und die Funktionalität kann eingeschränkt oder nicht funktional sein. Bei den Clients erscheint zwar ebenfalls eine Fehlermeldung, ein Zugriff ist allerdings dennoch möglich, indem diese ignoriert wird. Ein vertrauenswürdiges SSL-Zertifikat kann bei einer Zertifizierungsstelle mit definierter Gültigkeitsdauer erworben werden. Der Preis für solch ein SSL-Zertifikat richtet sich dabei nach Gültigkeitsdauer, Vertrauens- und Sicherheitsstufe[109]. Alternativ kann eine eigene Zertifizierungsstelle eingerichtet werden, indem ein Zertifikatsserver installiert und somit um die Rolle AD-Zertifizierungsdienste erweitert wird[110]. Der Zertifikatsserver sowie das AD sollten auf getrennten Servern installiert werden, um eine Trennung der Dienste zu erwirken und wenn notwendig, die Migration der jeweiligen Dienste einfacher zu gestalten. Außerdem ist aus Gründen der Sicherheit eine Trennung der unterschiedlichen Zertifikatsserver in der PKI zu empfehlen. Empfehlenswert ist mindestens eine zwei- bzw. dreistufige Architektur, je nach Größe des Unternehmens[111]. Wurde ein entsprechendes SSL-Zertifikat generiert und von einer offiziellen und vertrauenswür-

---

[109] Symantec, 2014
[110] Boddenberg, 2014, S. 525 - 562
[111] Boddenberg, 2014, S. 562 - 567, S. 602 - 634

digen Zertifizierungsstelle signiert, muss das SSL-Zertifikat in den IIS eingetragen werden, welcher sich ebenfalls als eine virtuelle Maschine in der DMZ befindet. Der IIS dient in der DMZ zusätzlich als ein Proxy-Server, um die Server vor Angriffen zu schützen und die Zugriffe auf die Fileservice Cloud-Lösung zu steuern. Je nach Anzahl der Benutzer und Zugriffe werden mehrere Proxy-Server benötigt, um die Last zu verteilen. Erst jetzt könnten die mobilen Endgeräte sowie auch andere Clients aus dem Internet kommend, diese als vertrauenswürdig erkennen und die Fileservice Cloud-Lösung nutzen. Für den Zugriff aus dem Internet muss die Subdomain, über welche die Cloud-Lösung erreichbar sein soll, beispielsweise *akad.cloud.company.com* im IIS eingetragen werden. Für jeden Kunden muss eine eigene Subdomain inklusive Eintrag im IIS und DNS erstellt werden, sodass jeder Kunde nur auf seine Fileservice Cloud-Lösung zugreifen kann[112].

Die Fileservice Cloud-Software wird auf virtuellen Maschinen installiert und benötigt eine SQL-Datenbank. Bei der Implementierung der Gladinet Cloud-Software werden weitere IIS benötigt, welche sich in der CSA im Bereich Workplace befinden. Die weiteren benötigten IIS in der CSA, bezeichnet der Hersteller Gladinet in seinen Darstellungen als Worker. Auf diese greift der Benutzer zu, wenn er vom Internet kommend über den in der DMZ befindlichen IIS mittels der Cloud-Software auf die Fileserver zugreifen möchte. Denn in diesen ist das freigegebene Ziel, welches sich auf dem Fileservice Server befindet, konfiguriert. Zusätzlich dienen die Worker auch zur Lastverteilung und werden als Cluster aufgebaut, indem alle Worker im internen Menü, von einem Worker aus, zum Cluster hinzugefügt werden[113]. Je nach Anzahl der Benutzer und der erzeugten Last kann die Anzahl der Worker und somit der Cluster erweitert werden, sodass sich eine Lastverteilung und zugleich Ausfallsicherheit ergibt. Der Datenbankserver, Microsoft SQL Server 2012 R2, wird virtuell abgebildet und erhält die notwendigen Ressourcen vom Host zugewiesen. Der SQL-Server wird in das AD integriert und stellt eine Datenbank für die Fileservice Cloud-Lösung bereit. In dieser Datenbank

---

[112] Boddenberg, 2014, S. 909 - 1045
[113] Gladinet, Cloud Enterprise Technical White Paper, 2014

werden Metadaten der Benutzer sowie Konfigurationsdaten der Cloud-Software abgelegt. Die nachfolgende Abbildung zeigt einen möglichen Aufbau der Fileservice Cloud-Lösung wie im ersten Architekturvorschlag beschrieben, inklusive unterschiedlicher Zonen, Verkabelung und Zugriff über das Internet mit verschiedenen Clients und mobilen Endgeräten, im Detail.

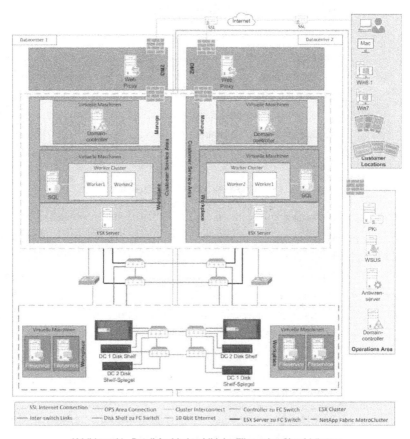

Abbildung 11 - Detail Architekturbild der Fileservice Cloud-Lösung

Die dargestellte Fileservice Cloud-Lösung ist somit durch den VMware ESX Cluster sowie NetApp MetroCluster hochverfügbar und skalierbar. Der Zugriff auf die Cloud-Lösung über das Internet erfolgt über eine gesicherte HTTPS

Verbindung. Zusätzlich sorgen die verschiedenen Zonen, DMZ, Proxy-Server sowie Firewalls für mehr Sicherheit. Weitere spezielle Aspekte der Sicherheit werden im Kapitel 4.4 näher erläutert.

4.3 Clients und mobile Endgeräte

Die Clients und mobilen Endgeräte werden wie in Abbildung 11 dargestellt, über das Internet kommend, über HTTPS auf die Fileservice Cloud-Lösung zugreifen. Wird die gesamte Infrastruktur beim Kunden aufgebaut, so können die sich im Intranet befindlichen Clients über das Intranet direkt verbinden, ohne den Umweg über das Internet und DMZ. Hierfür muss die entsprechende Subdomain im DNS eintragen werden.

4.4 Spezielle Aspekte der Sicherheit

Sicherheit wird in der heutigen Zeit sehr groß geschrieben, daher ist es wichtig, dass die gesamte Infrastruktur gegen Angriffe von außen, aber auch von innen, gut gesichert ist. Netzwerk, Server, Clients und mobile Endgeräte sind beliebte Angriffsziele, um sich Zugriff zu sensiblen Informationen des Unternehmens zu verschaffen. Diese sind gegen solche Maßnahmen zu sichern. In den nachfolgenden Unterkapiteln werden mögliche Sicherheitsmaßnahmen näher beschrieben.

4.4.1 Netzwerk

Das Netzwerk verbindet die einzelnen Server innerhalb des Unternehmens miteinander. Aber auch der Zugriff über das Internet zu den angebotenen Services, welche auf den Servern im Rechenzentrum des Unternehmens bereitgestellt werden, funktioniert über das Netzwerk. Daher ist es wichtig, dieses bereits vor einem Zugriff auf das Unternehmensnetzwerk, mit geeigneten Maßnahmen, abzusichern. Neben der mittels HTTPS gesicherten Verbindung über das Internet, werden Hardware-Firewalls vor und nach der DMZ, sowie zwischen der CSA und OPS Area aufgebaut. Für einen möglichst hohen Schutz durch die Firewalls, werden die Regeln für diese auf deny all gestellt. Dies bedeutet, dass alles verboten ist, was nicht explizit erlaubt ist. Somit sind nur die Anwendungen zugelassen und Ports geöffnet, welche für das tadellose Funktionieren der Lösung notwendig sind und dürfen damit die Firewall passieren[114]. In der DMZ befinden sich Proxy-Server, welche die aus dem Internet kommenden Anfragen entgegennehmen und zum entsprechenden Server weiterleiten. Die in der DMZ befindlichen Server sind aus Sicherheitsgründen nicht in die Domain integriert, um einen höheren Schutz zu gewährleisten. Denn wenn ein Angreifer auf einen Server gelangt, welcher sich in der Domain befindet, könnte er weitere Informationen über die Domain und den Domain Controller (DC) abgreifen. Erlangt der Angreifer anschließend Zugriff auf den DC und kann die Kontrolle darüber übernehmen, so hat er vollen Zugriff auf alle in der Domain befindlichen Benutzer- und Computerinformationen sowie die Steuerung der gesamten Clients und Server, welche sich in dieser Domain befinden.

4.4.2 Server

Für eine möglichst hohe Sicherheit der Server, muss das Betriebssystem immer mit den aktuellsten Updates versorgt werden. Die benötigten Updates und die eventuell notwendigen Neustarts sollten ausgeführt werden, wenn wenig bis keine Last auf den Servern verursacht wird, was meistens in der Nacht der Fall ist. Dies bedarf einer zeitgesteuerten Updatestrategie. Hierfür kann ein Windows Server Update Services (WSUS) eingesetzt werden, welcher die Updates vom Internet oder eines anderen WSUS im Unternehmen bezieht und diese anschließend an die entsprechenden Server verteilt[115], denn die Server dürfen aus Gründen der Sicherheit keinen Zugriff ins Internet haben. Zur weiteren Sicherheit müssen die Server mit einer Antivirensoft-

---

[114] Kappes, 2013, S. 163 - 186
[115] Boddenberg, 2014, S. 729 - 756

ware ausgestattet werden, welche mit einem Antiviren-Updateserver im eigenen Unternehmensnetzwerk verbunden ist und Updates beziehen kann. Außerdem sollen nur die Dienste und Software auf dem jeweiligen Server installiert werden, welche tatsächlich notwendig sind, alle anderen Dienste und Software sind zu deaktivieren. Zusätzlich muss die Windows-Firewall aktiviert sein und nur die entsprechenden Anwendungen und Ports zulassen, die für eine aus- und eingehende Kommunikation des jeweiligen Servers notwendig sind. Des Weiteren ist bei den Administratoren eine Trennung der Berechtigungen vorzusehen, wie beispielsweise Datenadministrator und Server-, bzw. Serviceadministrator für den jeweiligen Service. Diese Administratorengruppen sind im AD anzulegen und entsprechend zu berechtigen. Dies hat den Grund, dass jeder der Serveradministratoren nur den Server administrieren darf, auf dem sich der jeweilige Service befindet, für den er zuständig ist. Der Datenadministrator hat wiederum keinerlei Berechtigungen etwas am Server zu konfigurieren. Er darf allerdings auf die Benutzerdaten zugreifen, was dem Serveradministrator nicht gestattet ist. Außerdem sollen den Administratoren so wenig Rechte wie möglich, aber so viele wie notwendig gegeben werden[116]. Eine Art Administratorlogging kann zusätzlich implementiert werden, welche alle getätigten Datenzugriffe und -veränderungen durch den Administrator aufzeichnet, sodass bei einer Datenmanipulation nachvollzogen werden kann, welcher Administrator, zu welcher Zeit, welche Daten manipuliert hat, was zum Schutz gegen Angriffe beiträgt.

4.4.3 Desktop Clients und Laptops

Zur Absicherung der Desktop Clients ist ebenfalls dafür Sorge zu tragen, dass diese mit einem Antivirenprogramm ausgestattet sind, welches ständig neue Updates von einem im Unternehmensnetzwerk befindlichen Antivirenserver bezieht. Des Weiteren muss das Betriebssystem ebenfalls mit neuen Updates durch einen WSUS versorgt werden. Zusätzlich ist für Laptops eine Festplattenverschlüsselung zu implementieren, welche die Festplatte ver-

---

[116] Boddenberg, 2014, S. 378 - 381

schlüsselt und beim Booten des Laptops durch Verwendung einer entsprechenden Smartcard sowie durch korrekte Eingabe der vergebenen PIN, entschlüsselt werden kann[117]. Am Desktop Client kann sich nur ein autorisierter
AD-Benutzer anmelden. Dieser muss seine AD-Kennung sowie das hinter-
legte Passwort korrekt eingeben, um zu seinem Profil zu gelangen. Das
Passwort sollte aus Sicherheitsgründen mindestens acht Stellen lang sein,
Groß- und Kleinschreibung, Zahlen sowie Sonderzeichen enthalten und
muss spätestens alle 90 Tage geändert werden.

4.4.4 Mobile Endgeräte

Da mobile Endgeräte nicht ausschließlich im Unternehmensnetzwerk benutzt
werden, sondern auch im Internet über das Mobilfunknetz oder Wireless Local Area Network (WLAN) Hot-Spots, müssen diese und die darauf befindlichen Daten geschützt werden. Deshalb muss nach dem Einschalten des Ge-
rätes die Abfrage nach dem Entsperrcode und anschließend nach erfolgrei-
cher Eingabe des Entsperrcodes, die Abfrage nach der Subscriber Identity
Module (SIM) Card PIN kommen. Erst nachdem beide erfolgreich eingege-
ben und bestätigt wurden, kann der Benutzer sein mobiles Endgerät nutzen.
Möchte dieser auf die Fileservice Cloud-Lösung zugreifen, so geschieht dies
mittels der bereitgestellten Applikation auf dem mobilen Endgerät, welche
sich ebenfalls mit den Benutzerdaten des Besitzers gegen das AD identifi-
ziert. Dafür ist eine Integration der Fileservice Cloud-Software in das AD
notwendig. Einen zusätzlichen Schutz der Unternehmensdaten bietet die
Möglichkeit der Berechtigungssteuerung innerhalb der Fileservice Cloud-
Software. Damit kann festgelegt werden, welche Gruppe von Benutzern die
Daten aus dieser Applikation herunterladen und lokal auf dem mobilen Endgerät speichern, lesen oder gar mit anderen internen oder externen Benutzern teilen darf. Beim Teilen mit anderen Benutzern ist darauf zu achten,
dass ein Ablaufdatum der Freigabe sowie ein entsprechendes Passwort gesetzt wird und nur die nötigsten Daten geteilt werden. Ein weiterer möglicher

---

[117] Schmeh, 2013, S. 438 - 445

Schutz ist der, dass in der Fileservice Cloud-Software definiert werden kann, welche Dateien mit welcher Applikation auf dem mobilen Endgerät geöffnet werden dürfen. Auch die Festlegung, welche mobilen Endgeräte überhaupt auf die Cloud-Lösung zugreifen können, trägt zur erhöhten Sicherheit bei.

4.4.5 PKI

Eine zusätzliche Sicherheit im Unternehmensnetzwerk bietet die PKI. Denn mit dieser können Benutzerzertifikate erstellt und anschließend mit einer geeigneten Software, auf die Smartcard übertragen werden. Mit diesen können die Benutzer verschlüsselte E-Mails im Unternehmen versenden, ihre Daten verschlüsseln und sich am System authentifizieren. Neben den Benutzerzertifikaten werden auch Serverzertifikate gespeichert, damit die Webserver im Internet als vertrauenswürdig und sicher gelten. Die Serverzertifikate werden allerdings nicht auf der Smartcard gespeichert, sondern in der PKI, bzw. in der Zertifizierungsstelle und auf den jeweiligen Servern.

4.5 Vor- und Nachteile der Architekturvorschläge

Jeder der drei in Kapitel 4.1 vorgestellten Architekturvorschläge hat seine Vor- und Nachteile. Aus technischer Sicht gesehen hat der erste Architekturvorschlag zahlreiche Vorteile. Diese Architektur eignet sich als eine sichere, skalierbare und hochverfügbare Fileservice Cloud-Lösung mit verschlüsselter Übertragung. Darüber hinaus steht einer Erweiterung um weitere Dienste nichts im Wege, denn die Grundlage mit ESX Cluster und NAS-System als MetroCluster ist vorhanden und kann bei Bedarf erweitert werden. Auch handelt es sich um ein NAS-System, welches für Fileservice optimiert ist und damit für diesen Einsatzzweck bestens geeignet ist. Sicherungen sowie Snapshots können ebenfalls erstellt und für eine bestimmte Zeit aufgehoben werden[118]. Für die Sicherheit sorgen die redundant ausgelegten Systeme,

---

[118] NetApp, NetApp Snapshot Technology, 2011

Hard- und Software-Firewalls, DMZ, Proxy-Server, Trennung der Berechtigungen für Administratoren, Administratorenlogging, WSUS, Antivirenserver, Festplattenverschlüsselung, AD Authentifizierung sowie Zertifikate und die PKI. Bei den mobilen Endgeräten sorgen Entsperrcode, PIN sowie Berechtigungssteuerung für eine ausreichende Sicherheit. Außerdem befinden sich die Unternehmens- und Kundendaten im eigenen Rechenzentrum. Auf Kundenwunsch kann diese Lösung als Private Cloud im Kundenrechenzentrum realisiert werden, sodass seine Daten in seinem Rechenzentrum verbleiben.

Die Nachteile dieser Lösung sind neben der Komplexität, dass das Backup lediglich für 14 Tage vorgehalten wird. Allerdings ist dies nur ein geringer Nachteil, da dies flexibel konfigurierbar ist und lediglich mehr Speicher benötigt[119]. Für einen schnellen Up- und Download der Daten muss ausreichend Bandbreite zur Verfügung stehen. Außerdem unterstützt die Fileservice Cloud-Software keine Synchronisierung von geänderten Datenblöcken, sondern überträgt die gesamten Dateien, was mehr Bandbreite beansprucht. Der Einsatzzweck dieses Architekturvorschlags kann für mittelständische wie auch für große Konzerne von Interesse sein, da für den Aufbau dieser Lösung in einem TwinCore Rechenzentrum, entsprechendes Know-how und finanzielle Mittel von Nöten sind. Außerdem sind die notwendigen Marketing- und Vertriebswege notwendig, um entsprechende Kunden für solch eine Lösung zu akquirieren. Mittelständische Unternehmen können dies alternativ in zwei getrennten Brandabschnitten aufbauen. Betrieben werden kann diese Fileservice Cloud-Lösung als Public oder als Private Cloud und kann somit im eigenen oder im Kundenrechenzentrum aufgebaut werden.

Die Vorteile des zweiten Architekturvorschlags sind neben der verminderten Komplexität und der weiter verbreiteten Technologie, dieselben Sicherheitsaspekte wie die des ersten Architekturvorschlags. Allerdings vermindert um die Ausfallsicherheit sowie Hochverfügbarkeit, da keine Cluster implementiert wurden und mit DAS dies nicht möglich ist. Als Alternative und um eine höhere Verfügbarkeit als eines Single-Servers zu erreichen, wird Hyper-V Replica

---

[119] NetApp, NetApp SnapMirror, 2009

eingesetzt, was ein asynchroner Replizierungsmechanismus der Hyper-V-Virtualisierungssoftware ist. Dies bedeutet, dass bei einem Hardwareausfall auf der einen Seite, ein möglicher Datenverlust zwischen dem letzten Replikat und dem Ausfall, je nach Konfiguration, von bis zu 30 Minuten entstehen kann. Das Backup wird mit mittels Tape Libraries[120] zur nutzungsarmen Zeit erstellt und für 14 Tage vorgehalten. Diese Lösung kann für mittelständische aber auch für große Konzerne interessant sein, da wie bei dem ersten Architekturvorschlag ein entsprechendes Know-how benötigt wird sowie ein Twin-Core Rechenzentrum. Der Einsatzzweck dieser Lösung kann für große Konzerne vor allem aus wirtschaftlicher Sicht attraktiv sein, aber auch für mittelständische Unternehmen. Der zweite Architekturvorschlag eignet sich wie der erste Vorschlag, zum Betrieb als Public Cloud für den eigenen Gebrauch oder als Private Cloud für den Vertrieb an potenzielle Kunden im eigenen oder Kundenrechenzentrum. Potenzielle Kunden dafür könnten kleine, mittelständische, wie auch große Unternehmen sein.

Der dritte Architekturvorschlag weißt Vorteile in der nochmals geminderten Komplexität auf, was das Backup und den Aufbau des Storage betrifft, da diese Arbeiten durch den externen Anbieter übernommen werden. Außerdem ist die Skalierbarkeit durch Erweiterung des Storage weiterhin gegeben. Die Vorteile in der Sicherheit können die aus dem zweiten Vorschlag, vermindert um die Datensicherheit und den Datenschutz angesehen werden. Der Grund dafür ist, weil die Daten nun nicht mehr im eigenen oder im Kundenrechenzentrum liegen, sondern bei einem externen Anbieter, welcher Zugriff auf sensible Daten hat. Außerdem können Trennung der Berechtigungen der Administratoren, Administratorenlogging sowie Datenschutzverletzungen, Datendiebstahl und Manipulation an den Daten nicht ausgeschlossen werden. Dies sind gravierende Nachteile, welche drastische Auswirkungen haben können. Dem kann teilweise mittels einer verschlüsselten Ablage der Daten entgegengewirkt werden. Außerdem findet die Kommunikation zu dem beim externen Anbieter stehenden Storage ausschließlich über das Internet statt. Ein Aufbau der Lösung ausschließlich im eigenen oder im Kundenre-

---

[120] Troppens, Erkens & Müller, 2008, S. 209 - 211

chenzentrum entfällt daher ebenfalls, was eine Einschränkung bei der Flexibilität darstellt. Die Entscheidung für den dritten Architekturvorschlag sollte nach einer Make-or-Buy Analyse sowie anhand der Kundenanforderungen getroffen werden, da der Storage in diesem Fall von einem externen Anbieter bezogen wird und wie oben erwähnt, sich zahlreiche Sicherheitsnachteile ergeben. Tabelle 9 zeigt zusammenfassend die technischen Vor- und Nachteile des jeweiligen Architekturvorschlags auf.

Architekturvorschlag 1		Architekturvorschlag 2		Architekturvorschlag 3	
Vorteile	Nachteile	Vorteile	Nachteile	Vorteile	Nachteile
sicher	komplex	sicher	beschränkt skalierbar	geringere Komplexität	geringerer Datenschutz
um weitere Dienste erweiterbar	hohe Voraussetzungen	verminderte Komplexität	nicht hochverfügbar	skalierbar	geringere Datensicherung
NAS für Fileservice optimiert		niedrigere Voraussetzungen			Aufbau im eigenen RZ nicht möglich
Daten im eigenen RZ möglich					Storageanbindung über das Internet
skalierbar					
hochverfügbar					

Tabelle 9 - Technische Vor- und Nachteile der Architekturvorschläge

5 Wirtschaftliche Betrachtung

Um ein Produkt erfolgreich entwickeln und verkaufen zu können, muss es nicht nur technisch überzeugen können, sondern auch einen akzeptablen Preis erzielen. Denn auch wenn das Produkt technisch auf dem neuesten Stand ist, sehr stabil, skalierbar, hoch flexibel und sehr sicher ist, so wird es sehr schwer am Markt haben, wenn es doppelt so teuer ist, wie ähnliche Produkte bei der Konkurrenz. Deshalb ist es notwendig, bereits bei der Architektur, Planung und bei der Entwicklung des Produktes, ständig auf die Kosten zu achten. In den nachfolgenden Kapiteln sollen die Architekturvorschläge aus wirtschaftlicher Sicht betrachtet werden.

5.1 Vor- und Nachteile der Architekturvorschläge

Die Vorteile beim ersten Architekturvorschlag aus wirtschaftlicher Sicht sind besonders die Hochverfügbarkeit und Skalierbarkeit. Durch die Hochverfügbarkeit können die SLAs besser eingehalten werden, womit weniger Vertragsstrafen zu entrichten sind. Außerdem kann eine höhere Kundenzufriedenheit und somit eine hohe Qualität der Produkte erreicht werden. Dies wiederum kann zur Verbesserung des Images und damit zu mehr Kunden führen. Die Skalierbarkeit sorgt dafür, dass weniger Betriebspersonal benötigt wird, da weniger Systeme aufgebaut werden müssen und die Kosten für Personal somit niedriger sind. Allerdings muss bedacht werden, dass die hohen Anschaffungs- sowie die Lizenzkosten stark ins Gewicht fallen, was den Produktpreis dementsprechend steigend beeinflusst.

Möchte ein Kunde eine längere Aufbewahrungszeit des Backups haben, so steigen die Kosten für Speicher erneut. Alternativ kann ein separates System angeschafft werden, welches je nach Vereinbarung der SLAs redundant oder einfach aufgebaut wird und das Backup enthält. Dies sorgt für eine Entlastung des Hauptsystems. Zusätzlich kann das Backup-System mit langsameren Festplatten und ohne Cache-Modul ausgestattet werden, was die Kosten dafür senken würde. Da es sich bei dem Data ONTAP Betriebssystem des NAS-Systems um ein Unix-System handelt, sind weitere Fachkenntnisse notwendig[121]. Somit steigen die Kosten für Personal und Weiterbildungen, was bei der Preiskalkulation der Cloud-Lösung ebenfalls berücksichtigt werden muss. Bei dem ausgewählten Hersteller der Fileservice Cloud-Software, handelt es sich um ein Unternehmen, welches 2008 gegründet wurde und noch recht klein ist. Dies stellt insofern ein Risiko dar, da im Falle einer Übernahme durch die Konkurrenz oder einer Insolvenz, die Cloud-Software ausgewechselt werden muss. Da die Cloud-Software allerdings das CIFS-Protokoll unterstützt und auf diesem aufbaut, ist das Risiko zwar bestehend, jedoch als gering einzustufen, da keinerlei Daten verloren gehen, wenn sich die Fileservice Cloud-Software ändern sollte.

---

[121] NetApp, Das Betriebssystem Clustered Data ONTAP, 2014

Der zweite Architekturvorschlag ist zugleich eine Alternative zum ersten Architekturvorschlag, denn die Anschaffungskosten können durch den Einsatz des günstigeren DAS gesenkt werden. Die benötigten Lizenzen und damit die Lizenzkosten für das NAS-System entfallen, wenn DAS eingesetzt wird. Der Wechsel auf DAS bringt eine weitere Kostenersparnis, denn anstatt der teureren Virtualisierungssoftware VMware vSphere, kann die bereits in Microsoft Windows Server 2012 R2 implementierte Virtualisierungssoftware Hyper-V R3 verwendet werden. Diese ist bereits in den Lizenzkosten des Microsoft Windows Server 2012 R2 Betriebssystems enthalten und somit müssen dafür keine zusätzlichen Lizenzkosten entrichtet werden. Die Kosten für Personal und Weiterbildungen sind ebenfalls geringer, bzw. können gesenkt werden, da die Weiterbildungen günstiger sind und Microsoft Windows Server weiterverbreitet ist, als beispielsweise NetApp- oder andere NAS-Systeme[122]. Allerdings hat der zweite Architekturvorschlag einen Nachteil bezüglich der starken Abhängigkeit von Microsoft Produkten und es besteht somit eine größere Einschränkung. Auch die nicht vorhandene Hochverfügbarkeit kann dazu beitragen, dass die SLAs nicht immer eingehalten werden können und somit eine Vertragsstrafe fällig werden kann. Des Weiteren ist die Skalierbarkeit nicht so hoch wie bei dem ersten Architekturvorschlag, womit mehr Systeme benötigt werden und dadurch mehr Betriebspersonal notwendig ist, was die Personalkosten erneut steigen lassen würde[123].

Die dritte Alternative, indem der Storage von einem externen Anbieter bereitgestellt wird, hat ebenfalls Vor- und Nachteile. Ein Vorteil ist, dass die Wartungs- und Verwaltungskosten sowie die Betriebskosten für den Storage und das Backup bei dem externen Anbieter liegen. Ebenso wenn es sich um Wartungsarbeiten oder Einhaltung der SLAs bezüglich des Storage-Systems handelt, ist der externe Anbieter dafür verantwortlich. Dies wiederum kann je nach Einsatzzweck dieses Architekturvorschlags zu Schadensersatzansprüchen durch die Kunden der Fileservice Cloud-Lösung führen, da der Anbieter der Cloud-Lösung für die Einhaltung der SLAs verantwortlich ist. Der Cloud-

---

[122] heise, Große Server verkaufen sich immer schlechter, 2014
[123] speicherguide.de, 2013

Anbieter kann eventuell gegen den externen Anbieter ebenfalls Schadenser-satzansprüche geltend machen, dies kann allerdings zu langwierigen Ausei-nandersetzungen, bis hin zu einem Vertragsabbruch führen und muss nicht unbedingt erfolgreich sein. Darüber hinaus kann dies zur sinkenden Produkt-qualität und Kundenzufriedenheit, Verschlechterung des Images und Kun-denabfall führen. Zusätzlich ist die geringere Sicherheit von großer Wichtig-keit, besonders, wenn es sich um amerikanische Unternehmen handelt. Auch dies kann dazu führen, dass die Kundenzufriedenheit aufgrund der mangeln-den Sicherheit sinkt und einen Kundenschwund zur Folge haben kann. Die Kosten für das benötigte Personal mit dem notwendigen Fachwissen sowie für die Weiterbildung schlagen beim beziehenden Anbieter zu Buche. Wiede-rum nachteilig ist, dass wenn die Fileservice Cloud-Lösung von einem exter-nen Anbieter bezogen wird, das Know-how für diese Technologien nicht mehr im eigenen Unternehmen vorhanden ist und bei Bedarf teure Berater von Fremdfirmen engagiert werden müssen. Ein großer Nachteil ist außer-dem der, dass eine sehr große Abhängigkeit zu einem Anbieter entsteht und bei einem Wechsel mit weiteren und gegebenenfalls erhöhten Kosten zu rechnen ist. Denn eine Migration muss geplant und durchgeführt werden, was mit zusätzlichem Aufwand verbunden ist, welcher je nach Anzahl der Benutzer, Dateien und Größe, erheblich sein kann. Tabelle 10 zeigt die wirt-schaftlichen Vor- und Nachteile der Architekturvorschläge.

Architekturvorschlag 1		Architekturvorschlag 2		Architekturvorschlag 3	
Vorteile	Nachteile	Vorteile	Nachteile	Vorteile	Nachteile
bessere SLA Einhaltung	hohe An-schaffungs- und Lizenz-kosten	geringere Anschaffungs- und Lizenz-kosten	starke Anbie-terabhängig-keit	Betriebskos-ten beim ext. Anbieter	geringere Si-cherheit
geringere Betriebs-kosten	höhere Per-sonalkosten	geringere Personalkos-ten	SLA Einhal-tung schwie-riger	geringere Personalkos-ten	starke Anbie-terabhängig-keit
höhere Kundenzu-friedenheit			höhere Betriebskos-ten	geringere Anschaffungs- und Lizenz-kosten	Verlust des eigenen IT-Know-hows

Tabelle 10 - Wirtschaftliche Vor- und Nachteile der Architekturvorschläge

5.2 Kostenentwicklung

Da die Kosten der Cloud-Lösung stets im Auge behalten werden müssen, ist es für jedes Unternehmen von Interesse, wie sich die Kosten entwickeln. Anhand der vorliegenden Angebote ist es ersichtlich, dass mit steigendem Bedarf an Speicherkapazität, mehr Storage beschafft werden muss. Beim ersten Architekturvorschlag sind bei einer Erweiterung des Storage, vier Disk-Shelfs notwendig. Dies ist der Hochverfügbarkeit geschuldet und treibt somit die Kosten in die Höhe[124]. Bei der Erweiterung des Storage, bei der zweiten Lösung, muss dieser bis zum Limit lediglich einmal je aufgebautem System je Rechenzentrum beschafft werden[125]. Ist jedoch das Limit des Systems zur Verwaltung des Storage erreicht, so muss ein neues System angeschafft werden, wodurch die Kosten hierfür wieder ansteigen. Der dritte Architekturvorschlag kann granularer gesteuert werden, sodass nur der tatsächlich verwendete Storage beim externen Anbieter bezahlt werden muss[126]. Steigerung der Kosten für Personal und Weiterbildung ist vor allem bei den ersten beiden Architekturvorschlägen der Fall, da der Storage und die dafür notwendige Hardware und Infrastruktur vom eigenen Personal betrieben wird. Besonders bei der ersten Lösung sind die Schulungen kostenintensiver und das Personal damit teurer. Beim zweiten Vorschlag hingegen steigen die Personalkosten mit Steigerung der Anzahl der benötigten Systeme, um mehr Storage verwalten zu können. Die Lizenzkosten für die Fileservice Cloud-Software steigen zwar mit der Anzahl der Benutzer, allerdings sinken diese zugleich mit Abnahme einer bestimmten Menge[127].

5.3 Multitenancy

Um die Kosten der IT-Infrastruktur möglichst gering zu halten und somit einen attraktiven Produktpreis zu erzielen, bietet es sich an, die Lösung für

---

[124] Vgl. Abbildung 17 bis Abbildung 20
[125] Vgl. Abbildung 8
[126] Amazon, 2014
[127] Vgl. Abbildung 13 bis Abbildung 16

mehrere Kunden anzubieten. Mit Multitenancy soll es ermöglicht werden, mehrere Kunden auf einer Plattform betreiben zu können und von einer zentralen Stelle diese gemeinsam zu verwalten. Damit müssen weniger Systeme aufgebaut werden, was die Anschaffungs- und Lizenzkosten reduziert. Außerdem wird weniger Personal benötigt, welches sich um die Systeme kümmert und damit sinken die Personalkosten. Multitenancy kann allerdings nur dann genutzt werden, wenn es sich um eine Public Cloud handelt oder aber auch, wenn mehrere Kunden eine Private Cloud haben, welche im Rechenzentrum des Anbieters aufgebaut ist. Damit können die Kunden nur ihre eigenen Daten, Konfigurationen und das angepasste Look & Feel sehen. Für Multitenancy ist eine Trennung der Kunden notwendig, damit sich die Kundendaten und die unterschiedlichen Konfigurationen nicht vermischen. Da die ausgewählte Fileservice Cloud-Software Multitenancy unterstützt, ist diese bei allen drei Architekturvorschlägen möglich.

5.4 Wirtschaftlichkeitsrechnung

Um die Wirtschaftlichkeit des jeweiligen Architekturvorschlags zu ermitteln, wurden zahlreiche Annahmen bzgl. des Benutzerverhaltens getroffen. Daher wurde angenommen, dass jeder Benutzer 5 Gigabyte (GB) Speicher erhält, diesen lediglich zur Hälfte nutzt und die Komprimierung der Daten 50 % beträgt, was letztendlich 1,25 GB ergibt. Außerdem wurde ein 24 Stunden am Tag und 7 Tage die Woche (24/7) Betrieb angenommen. Für den Betrieb der Lösung 1 wurde ein Full-time equivalent (FTE), für Lösung 2 zwei FTEs und für Lösung 3 ein FTE je Schicht angenommen. Um die Kosten für Personal entsprechend berechnen zu können, wurde für den ersten Architekturvorschlag ein Stundensatz von 20 Euro, für den zweiten Vorschlag ein Stundensatz von 15 Euro und für den dritten Vorschlag ein Stundensatz von 10 Euro je Mitarbeiter angenommen. Des Weiteren wurden Schulungskosten für erste[128] und zweite Lösung[129] veranschlagt, da bei diesen die Hardware mitsamt

---

[128] qskills, ST200c Clustered ONTAP Basics, 2014
[129] qskills, VI220 MS Hyper-V 2012 R2 - nativ, 2014

Storage im eigenen Rechenzentrum betrieben wird. Für eine genauere Berechnung der Personalkosten wurde angenommen, dass diese 30 Tage Jahresurlaub haben, zehn Tage wegen Krankheit fehlen und einen Tag Sonderurlaub im Jahr erhalten sowie schließlich an 220 Tagen je 8 Stunden arbeiten. Da ein 24/7-Betrieb angenommen wurde, sind die verschiedenen Zuschläge nach §3b EStG einberechnet worden[130], ebenso wie weitere Zuschläge, die in der Personalkostenberechnung in Abbildung 31 im Anhang ersichtlich sind. Für den dritten Architekturvorschlag wurden die Preise von Amazon S3 Cloud-Speicher als externer Storage Anbieter verwendet[131]. Da die Preise in United States (US)-Dollar angegeben sind, wurde als Annahme bei der Umrechnung ein Kurs von 1,33 US-Dollar/Euro angenommen. Außerdem wurden weitere Annahmen getroffen, wie beispielsweise 1000 Anfrage-, Kopier-, Upload- sowie Download- und 2000 Listvorgänge, Archivierung von 400 und Wiederherstellung von 200 Elementen pro Monat pro Benutzer. Somit konnten die monatlichen sowie jährlichen Kosten pro GB pro Benutzer, wie in Abbildung 12 ersichtlich ist, für den dritten Architekturvorschlag errechnet werden. Für eine detaillierte Ansicht der Berechnung des dritten Architekturvorschlags, siehe Abbildung 29 im Anhang.

Für die ersten beiden Architekturvorschläge wurden zusätzlich die Erweiterungskosten auf Basis der vorliegenden Angebote und der nutzbaren Speicherkapazität berechnet. Hierfür wurde für das NAS-System von NetApp der Mittelwert aus 50% und 80 %, somit 65 %, als Rabatt und für das DAS von Dell ein Rabatt von 30 % angenommen. Die Berechnung der Erweiterungskosten ist in Abbildung 26 im Anhang ersichtlich. Die Lizenzkosten für die Fileservice Cloud-Software betreffen alle drei Architekturvorschläge und wurden ebenfalls anhand des vorliegenden Vorschlags für die jeweilige Benutzeranzahl berechnet[132]. Lizenzkosten, Speicherbedarf und weitere damit verbundene Kosten wurden für alle drei Architekturvorschläge für 100.000, 250.000, 500.000, 750.000 und 1.000.000 Benutzer berechnet. Die Lizenz-

---

[130] dejure.org, 2014
[131] Amazon, Amazon S3 - Preise, 2014
[132] Vgl. Abbildung 15

kosten für VMWare vSphere wurden entsprechend den Herstellerinformationen[133] berechnet, sodass die Enterprise Plus Edition samt 1-Jahres-Support viermal und die vCenter Server Standard Edition samt 1-Jahres-Support für die Verwaltung der virtuellen Umgebung, einmal berechnet wurden. Die Preise sind in US-Dollar angegeben. Viermal aufgrund von zwei Prozessoren in zwei physikalischen Servern. Das Ergebnis bildet den Preis pro GB und ist in Abbildung 12 ersichtlich.

Lizenzkosten und Speicherbedarf					
Anzahl Benutzer	100.000	250.000	500.000	750.000	1.000.000
Lizenzkosten mon.	44.000,00 €	57.500,00 €	90.000,00 €	135.000,00 €	150.000,00 €
Lizenzkosten jährl.	528.000,00 €	690.000,00 €	1.080.000,00 €	1.620.000,00 €	1.800.000,00 €
Speicherbedarf	122,07 TB	305,18 TB	610,35 TB	915,53 TB	1.220,70 TB
Virtualisierungssoftware	16.046,76 €	16.046,76 €	16.046,76 €	16.046,76 €	16.046,76 €
Shelf-Erweiterung Lösung 1	0	1	3	6	8
Erweiterungskosten	0	84.509,60 €	253.528,80 €	507.057,60 €	676.076,80 €
Kosten FTE mon.	15.955,20 €	15.955,20 €	15.955,20 €	15.955,20 €	15.955,20 €
Kosten FTE jährl.	191.462,38 €	191.462,38 €	191.462,38 €	191.462,38 €	191.462,38 €
einm. Anschaffungskosten	408.527,35 €	408.527,35 €	408.527,35 €	408.527,35 €	408.527,35 €
Kosten Gesamt / Jahr	1.144.036,49 €	1.390.546,09 €	1.949.565,29 €	2.743.094,09 €	3.092.113,29 €
GB-Preis mon. Lösung 1	0,763 €	0,371 €	0,260 €	0,244 €	0,206 €
GB-Preis jährl. Lösung 1	9,152 €	4,450 €	3,119 €	2,926 €	2,474 €
Controller-Erweiterung Lösung 2	0	1	3	5	6
Shelf-Erweiterung Lösung 2	0	2	5	9	12
Erweiterungskosten	0	183.305,97 €	549.917,91 €	834.509,61 €	1.099.835,82 €
einm. Anschaffungskosten	246.586,80 €	246.586,80 €	246.586,80 €	246.586,80 €	246.586,80 €
Kosten Gesamt. / Jahr	1.374.576,53 €	1.719.882,50 €	2.476.494,44 €	3.301.086,14 €	3.746.412,35 €
GB-Preis mon. Lösung 2	0,916 €	0,459 €	0,330 €	0,293 €	0,250 €
GB-Preis jährl. Lösung 2	10,997 €	5,504 €	3,962 €	3,521 €	2,997 €
GB-Preis Lösung mon.	0,558 €	0,313 €	0,243 €	0,231 €	0,201 €
GB-Preis Lösung jährl.	6,700 €	3,761 €	2,915 €	2,774 €	2,411 €

Abbildung 12 - Berechnung Preis pro GB ohne Gewinnzuschlag

Da die Kalkulation in Abbildung 12 anhand der vorliegenden Kosten erstellt wurde, wird kein Gewinn erzielt, sodass ein Gewinnzuschlag dazu addiert werden muss. Zu den errechneten Preisen pro GB, wird ein Gewinnzuschlag von 30 % hinzugerechnet. Die nachfolgende Tabelle zeigt den Preis pro GB pro Benutzer pro Monat inklusive 30 % Gewinnzuschlag.

---

[133] VMware, Preise und Lizenzen, 2014

GB-Preis pro Monat pro User + 30 % Gewinnzuschlag			
Anzahl Benutzer	Lösung 1	Lösung 2	Lösung 3
100.000	0,991 € / GB / Mon.	1,191 € / GB / Mon.	0,726 € / GB / Mon.
250.000	0,482 € / GB / Mon.	0,596 € / GB / Mon.	0,407 € / GB / Mon.
500.000	0,338 € / GB / Mon.	0,429 € / GB / Mon.	0,316 € / GB / Mon.
750.000	0,317 € / GB / Mon.	0,381 € / GB / Mon.	0,300 € / GB / Mon.
1.000.000	0,268 € / GB / Mon.	0,325 € / GB / Mon.	0,261 € / GB / Mon.

Tabelle 11 - Berechnung GB-Preis inklusive Gewinnzuschlag

Da die Architekturvorschläge zwei und drei keine Hochverfügbarkeit bieten, wird ein Risikozuschlag von 20 % für den zweiten Vorschlag und 50 % für den dritten Vorschlag kalkuliert. Der erhöhte Risikozuschlag beim dritten Architekturvorschlag ist deshalb angesetzt worden, weil sich die Daten bei einem externen Anbieter befinden und es sich um ein amerikanisches Unternehmen handelt. Dadurch ist aufgrund anderer Gesetzeslage möglicherweise ein geringerer Datenschutz und eine geringere Datensicherheit gewährleistet. Die nachfolgende Tabelle veranschaulicht die somit ergebenen monatlichen GB-Preise pro Benutzer je Architekturvorschlag.

GB-Preis pro Monat pro User + 30 % Gewinnzuschlag + 20 % für L2, 50 % für L3			
Anzahl Benutzer	Lösung 1	Lösung 2	Lösung 3
100.000	0,991 € / GB / Mon.	1,430 € / GB / Mon.	1,089 € / GB / Mon.
250.000	0,482 € / GB / Mon.	0,715 € / GB / Mon.	0,611 € / GB / Mon.
500.000	0,338 € / GB / Mon.	0,515 € / GB / Mon.	0,474 € / GB / Mon.
750.000	0,317 € / GB / Mon.	0,458 € / GB / Mon.	0,451 € / GB / Mon.
1.000.000	0,268 € / GB / Mon.	0,390 € / GB / Mon.	0,392 € / GB / Mon.

Tabelle 12 - Berechnung GB-Preis inklusive Gewinn- und Risikozuschlag

Aus den errechneten Werten aus Tabelle 12 folgt, dass der erste Architekturvorschlag am Günstigsten ist. Außerdem weist der erste Vorschlag das geringste Risiko bezüglich einer Vertragsstrafe und damit der Nichteinhaltung der SLAs auf, besitzt die höchste Datensicherheit und Datenschutz sowie Ausfallsicherheit und Hochverfügbarkeit. Der dritte Architekturvorschlag ist zunächst am zweit günstigsten, wird allerdings ab circa 1 Million Benutzer teurer als der Zweite, welcher zunächst als teuerster beginnt. Der hohe Risikozuschlag von 50 % lässt den dritten Architekturvorschlag so teuer werden. Außerdem unterliegen die Preise der dritten Lösung einer Kursschwankung der Währung, da die Preise in US-Dollar angegeben sind. Der zweite Lösungsvorschlag ist aufgrund der Einschränkung bei der Erweiterung pro Controller sowie der hohen Anzahl an notwendigen Erweiterungen am Teuersten.

6 Zusammenfassung

Zusammenfassend lässt sich feststellen, dass die drei verschiedenen Architekturvorschläge je nach Einsatzzweck der Lösung, der Anforderungen an Datenschutz und Datensicherheit sowie des vorhandenen Budgets praktikabel sind. Besonders der erste Architekturvorschlag ist für große Konzerne geeignet, welche am Markt als Anbieter agieren und aufgrund der hohen Abnahmemenge entsprechende Preisnachlässe erhalten. Außerdem haben diese, bzw. deren Kunden verschieden hohe Anforderungen an Datenschutz und Datensicherheit sowie an Ausfallsicherheit und Verfügbarkeit der Lösung. Darüber hinaus agieren sie am Markt als Anbieter und können die Fileservice Cloud-Lösung mit weiteren Diensten kombinieren, was das Gesamtprodukt für andere Unternehmen nochmals interessanter macht. Der zweite Architekturvorschlag ist für mittelständische und große Unternehmen mit geringerem Budget und vor allem mit niedrigeren Anforderungen an Verfügbarkeit, Skalierbarkeit sowie Ausfallsicherheit geeignet, auch weil das Personal über weniger spezielles Fachwissen benötigt, als dies beim ersten Architekturvorschlag der Fall ist. Der dritte Architekturvorschlag eignet sich für kleine und mittelständische Unternehmen, welche nicht über das notwendige Budget einer solchen Lösung besitzen und trotzdem eine eigene Fileservice Cloud-Lösung errichten wollen. Bei diesem Vorschlag ist es wichtig, dass die Benutzer bezüglich des erhöhten Risikos in Bezug auf Datenschutz und Datensicherung unterrichtet werden und in der Fileservice Cloud-Lösung keine sensiblen Daten oder diese zumindest verschlüsselt ablegen.

Mit der Wirtschaftlichkeitsrechnung konnte gezeigt werden, wie sich die drei Architekturvorschläge mit steigender Benutzerzahl, beginnend ab 100.000 bis schließlich 1 Million Benutzer, in Hinsicht der Kosten verändern. Außerdem wurde zu der jeweiligen Lösung ein entsprechender Risikozuschlag hinzugerechnet, um die gegebenenfalls fehlende Hochverfügbarkeit oder Sicherheit und das damit verbundene Risiko kalkulatorisch berücksichtigen zu können. Ebenfalls einberechnet wurde der Gewinnzuschlag von 30 % je Architekturvorschlag sowie der Risikozuschlag von 20 % für den zweiten bzw. 50 % für den dritten Architekturvorschlag. Das Ergebnis bildet schließlich den Preis pro GB pro Benutzer je Monat.

6.1 Kritische Würdigung

Der Aufbau der jeweiligen Lösung in zwei Rechenzentren ist zwar kostenintensiver, sorgt allerdings für eine höhere Ausfallsicherheit, wenn eines davon oder dessen Infrastruktur aus verschiedenen Gründen ausfällt. Alternativ können zwei Brandabschnitte verwendet werden, wodurch die Kosten reduziert werden können. Auch die Einteilung in verschiedenen Zonen und Bereiche trägt zur höheren Sicherheit bei. Dies wiederum sorgt für eine höhere Komplexität und kann die Betriebskosten in die Höhe schnellen lassen. Für den Aufbau und Einteilung in Zonen und Bereiche ist ein notwendiges Fachwissen des Personals notwendig. Des Weiteren kann im Fehlerfall die Fehlersuche und -analyse etwas länger dauern und erfordert aus diesem Grund eine genaue Dokumentation.

Bei der Wirtschaftlichkeitsrechnung wurde für die ersten beiden Architekturvorschläge ein Preisnachlass angenommen, der allerdings je nach Abnahmemenge, Größe des Unternehmens, Wichtigkeit für den Hersteller sowie Verhandlungsgeschick der internen Einkaufsabteilung, abweichen kann. Außerdem lagen die Preise lediglich als Listenpreise vor, die allerdings keinem Kunden in dieser Form in Rechnung gestellt werden. Die Berechnung des dritten Architekturvorschlags basiert auf der Basis der von Amazon veröffentlichten Preise für das Produkt Amazon S3, wobei allerdings auch hier die Preise für größere Abnahmemengen und Geschäftskunden abweichen könnten. Da die Preise in US-Dollar angegeben sind, besteht jedoch eine Abhängigkeit von der Entwicklung von US-Dollar und Euro. Ebenfalls können die Lizenzkosten aus den oben erwähnten Gründen abweichen. Außerdem wurden in der Wirtschaftlichkeitsberechnung Stromkosten, Kosten für Netzwerkinfrastruktur, Raumkosten sowie weitere Kosten für den jeweiligen Architekturvorschlag nicht betrachtet.

6.2 Ausblick

Um die Attraktivität des ersten Architekturvorschlags zu steigern, könnten weitere Dienste implementiert werden, sodass Kunden den Großteil oder sogar die gesamte IT-Infrastruktur von einem Anbieter beziehen können. Dies steigert nicht nur das allgemeine Interesse an diesem Produkt, sondern sorgt zugleich für einen größeren Kundenstamm und Interesse an der erweiterten Cloud-Lösung, da eine ganzheitliche Cloud-Lösung angeboten werden kann. Damit können neue Kunden akquiriert und neue Bereiche erschlossen werden, womit eine mögliche Expansion des Unternehmens oder Erhöhung des Marktanteils denkbar ist. Dies wiederum kann für mehr Umsatz und gegebenenfalls für mehr Gewinn sorgen. Außerdem würde dadurch die eigene IT-Infrastruktur und das Personal besser ausgelastet werden. Ebenso wird durch das Anbieten von mehreren verschiedenen Diensten, die Flexibilität der Cloud-Lösung gesteigert. Darüber hinaus ist in der heutigen Zeit Sicherheit sehr wichtig, weshalb eine ganzheitliche Cloud-Lösung mit einem hohen Sicherheitsstandard für weitere Kunden interessant sein kann und dem eigenen Unternehmen, mittels einem Umsatz- und gegebenenfalls Gewinnzuwachs, zugutekommt. Um nicht unnötig Leerstandskosten zu verursachen, sollte eine Marktanalyse und Schätzung für die Anzahl der potenziellen Kunden und somit Benutzer durchgeführt werden. Andernfalls wird eine zu große Ausprägung der IT-Infrastruktur gewählt und die Ressourcen bleiben ungenutzt, was die Kosten rasch anwachsen lässt.

A Anhang

CTERA Networks Ltd.
24 Imber Street,
Petach Tikva, Israel   01.08.2014

Your requested quotation for our CTERA Mobile product

Dear Mr. Grinschuk,

thank you for your price inquiry. Please find below our conditions for your request.

Seats	Price per User
For up to 150.000 seats	2,43 €
For between 150.000 and 500.000 seats	2,09 €
For between 500.000 and 1.000.000 seats	1,81 €
For more than 1.000.000 seats	1,53 €

The proposal is valid until 01.10.2014.

Yours faithfully,

Said Yousef

CTERA Networks revolutionizes storage, data protection and collaboration for enterprise and SMBs. Its hybrid architecture combines secure cloud storage services with on-premises appliances and managed agents. CTERA's scalable cloud storage platform is used by leading service providers and enterprises, on the public or private cloud infrastructure of their choice.

For more information, visit www.ctera.com

www.ctera.com   info@ctera.com   USA: (650) 227-4950   Intl.: +972-3-679-9000

Abbildung 13 - Anhang Preisanfrage Ctera

Citrix Strategic Headquarters
4988 Great America Parkway
Santa Clara, CA 95054
United States   28.07.2014

Your requested quotation

Dear Mr. Grinschuk,

thank you for your price inquiry and the interest on our products. With the Citrix ShareFile Solution
you will make the right decision. Please find below your requested price per seat.

Seats	Price per User
For up to 150.000 seats	3,16 €
For between 150.000 and 500.000 seats	2,71 €
For between 500,000 and 1.000.000 seats	2,26 €
For more than 1.000.000 seats	1,92 €

The proposal is valid until 01.10.2014.

If you need more information about Citrix ShareFile, please do not hesitate to contact us. You can
earn more discount if you buy Citrix ShareFile with other Citrix products. If you want receive more
information, please let me know.

Yours faithfully,

Jenny Lopez

Abbildung 14 - Anhang Preisanfrage Citrix

Gladinet Inc.
1451 Cypress Creek Road
Suite 300
Fort Lauderdale
FL 33309   31.07.2014

Quotation for Gladinet Cloud for Enterprise

Dear Mr. Grinschuk,

thank you for your interest on our Gladinet Cloud for Enterprise. You can find below the requested
information.

Seats	Price per User
For up to 150.000 seats	0,44 €
For between 150.000 and 500.000 seats	0,23 €
For between 500,000 and 1.000.000 seats	0,18 €
For more than 1.000.000 seats	0,15 €

Please be aware, that the proposal is valid until 01.10.2014.

If you need more information, please let me know.

Yours sincerely,

Franklyn Peart

Abbildung 15 - Anhang Preisanfrage Gladinet

Storage Made Easy
Mulgrave Chambers
26-28 Mulgrave Rd.
Sutton
SM2 6LE

02.08.2014

Quotation Enterprise Cloud

Dear Mr. Grinschuk,

thank you for your request. Please find the requested pricing per user in the table below.

Seats	Price per User
For up to 150.000 seats	0,78 €
For between 150.000 and 500.000 seats	0,57 €
For between 500.000 and 1.000.000 seats	0,45 €
For more than 1.000.000 seats	0,34 €

Proposal is valid until **01.10.2014.**

If you need more information, please let me know.

Yours sincerely,

Jason Burt

P.S. We are supporting more than 40 Cloud, like Amazon S3 or Google Cloud. For more information, please visit our website www.StorageMadeEasy.com or contact us via phone or e-Mail.

Sales@StorageMadeEasy.com   TELEPHONE:+448006899094 ext.1 for Sales

Free hosted and enterprise free trial available from
www.StorageMadeEasy.com

Abbildung 16 - Anhang Preisanfrage SME

NetApp

Price Quotation 11731719

Quote Name: 8060 1PB FlashCache
Quote Date: Aug-01-2014   Quote Valid Until: Aug-31-2014
Contact Name: Phone:
E-Mail: Fax:
Quote To:

Quote From:

End Customer: Quote Status: Configured
Incoterm: DDP   Payment Terms: Netto 90 Tage
Contingency: None
Do Not Ship Before:
Order Type: Standard

Hardware + Software

Part Number	Product Description	Ext. Qty	Unit List Price
FAS8060A-001-R6	FAS8060 High Availability System	2	32.603,00 €
X6227-R6-C	Chassis,FAS8040/60/80 W/CNTRL Slots,AC PS,-C	1	0,00 €
X8718A-EN-R6-C	PDU,3-phase,24-Outlet,32A,IEC,EN,-C,R6	2	1.077,00 €
X870E-EN-R6-C	Cab,Lighted,Empty,No PDU,No Rails,EN,-C	1	4.449,00 €
X6557-R6-C	Cable,SAS Cntlr-Shelf/Shelf-Shelf,HA,0.5m,-C	12	0,00 €
X6558-R6-C	Cable,SAS Cntlr-Shelf/Shelf-Shelf,HA,2m,-C	4	98,00 €
X6560-R6-C	Cable,Ethernet,0.5m RJ45 CAT6,-C	12	0,00 €
X6561-R6-C	Cable,Ethernet,2m RJ45 CAT6,-C	3	0,00 €
X6584-R6-C	Cable,Ethernet,1m RJ45 CAT6,-C	1	0,00 €
X6585-R6-C	Cable,Ethernet,3m RJ45 CAT6,-C	1	0,00 €
X6594-R6-C	Cable,SAS Cntlr-Shelf/Shelf-Shelf,HA,1m,-C	4	79,00 €
X6566B-05-R6-C	Cable,Direct Attach CU SFP+ 10G,0.5M,-C	4	47,00 €
X6553-R6-C	Cable,Cntlr-Shelf/Switch,2m,LC/LC,Op,-C	16	98,00 €
X6599A-R6-C	SFP+ Optical 10Gb Shortwave,FAS80X0,-C	16	623,00 €
X6589-R6-C	SFP+ Optical 10Gb Shortwave,-C	4	368,00 €
X8773-R6-C	Mounting Bracket,Tie-Down,Multiple,-C,R6	1	0,00 €
X8779-R6-C	Mounting Bracket,Tie-Down,DS446X,-C	16	39,00 €
X8763A-R6-C	Rail Kit III,Cabinet,-C	9	59,00 €
X1985-R6-C	12-Node Cluster Cable Label Kit,-C	1	0,00 €
DOC-80XX-C	Documents,80xx,-C	1	0,00 €
X1960-R6-C	ClusterNet Interconnect,16Pt,10Gb,-C	2	3.975,00 €
X1974A-R6-C	Flash Cache 1TB PCIe Module 2,-C	2	36.842,00 €
X800-42U-R6-C	Power Cable,In-Cabinet,C13-C14,-C	34	0,00 €
X1558A-R6-C	Power Cable,In-Cabinet,48-IN,C13-C14,-C	4	0,00 €

All amounts are in EUR

Abbildung 17 - Anhang Preisanfrage NetApp Seite 1

Price Quotation 11731719

NetApp

Part Number	Product Description	Ext. Qty	Unit List Price
DS4486-192TB-0P-R6-C	DSK SHLF,48x4.0TB,0P,-C	8	56.204,00 €
SW-2-8060A-NFS-C	SW-2,NFS,8060A,-C	2	0,00 €
OS-ONTAP-CAP1-0P-C	OS Enable,Per-0.1TB,ONTAP,Cap-Stor,0P,-C	15360	26,00 €
SW-2-CL-BASE	SW-2,Base,CL,Node	1	0,00 €
Hardware + Software Sub Total:			**1.017.370,00 €**

Services

Part Number	Product Description	Ext. Qty	Unit List Price
CS-N-INST-VA	NetApp Initial Installation,VA	1	28.025,76 €
			Service Period Duration: 1 Month
			Service Address: Dachauer Str. 665 München 80995
CS-O2-NOINSTALL-4HR-VA	SupportEdge Premium 4hr Onsite, w/o Install,VA Linked Quote: 11731719	1	121.825,24 €
			Service Period Duration: 36 Months
			Service Period Start Date: 01.09.2014
			Service Period End Date: 31.08.2017
			Service Address: Dachauer Str. 665 München 80995
CS-N-SSP-VA	NetApp SW Support Plan,VA Linked Quote: 11731719	1	0,00 €
			Service Period Duration: 36 Months
			Service Period Start Date: 01.09.2014
			Service Period End Date: 31.08.2017
			Service Address: Dachauer Str. 665 München 80995
Services Sub Total:			**149.851,00 €**

Grand Total: EUR1.167.221,00 €

Terms and Conditions

No variations to a quote shall be effective unless approved in writing by NetApp and any PVR requires prior written approval by NetApp. Amounts quoted are before all applicable local transaction taxes.
For US sales: Applicable sales tax will be charged to shipments in the United States unless a valid certificate of tax is submitted to and accepted by NetApp. For international sales: Applicable VAT, GST, consumption tax, or other transaction tax will be charged to international sales.

This price quotation is valid until the expiration date identified above. Orders submitted hereunder are subject to NetApp's Standard Terms and Conditions published at: www.netapp.com/us/how-to-buy/sto.html, unless a written agreement governing purchasing between the parties for the applicable products and/or services listed above is otherwise current and valid. Additional or conflicting terms or conditions included on or within any purchase order or similar purchase authorization submitted by purchaser shall have no force or effect and NetApp's acknowledgment of an order, commencement of performance, delivery of product or other conduct shall not be deemed or constitute acceptance of any additional or different terms and conditions in any manner whatsoever.

Abbildung 18 - Anhang Preisanfrage NetApp Seite 2

| | | | Prepared By: | | Quote Name: | TS Preisauskunft / Beispielangebot |
| | | | Quote Status: | | Quote #: | 1006433612 Version 1 of 1 |

EMC²

			Operating Unit:		Approved Date:	
			Catalyst Order Type:		System Date:	
			Primary BRS Rep:		Contract #:	
			Customer Selling Relationship:		Stated Rate:	

AM KRONBERGER HANG 2A
SCHWALBACH, HESSEN 65824
Germany

Line #	QTY	Product ID	Description	Units	Total List Price (EUR)
		VNX7600 mit 1PB Storage			
		SYSTEM	PSI FOR VNX 7600		
1	1	VNXB76DP25	VNX7600 DPE 25X2.5" DRIVE SLOTS-EMC RACK	EA	42.079
2	3	VNXBRACK-40U	VNXB 40U RACK WITH FRONT PANEL	EA	5.733
3	24	VNXB6GSDAE15	VNXB 15X3.5 6G SAS EXP DAE-EMC RACK	EA	64.392
4	1	VNXB6GSDAE25P	VNXB 25X2.5 6G SAS PRI DAE-EMC RACK	EA	3.802
5	1	VNXBCS2	VNXB 2ND CONTROL STATION-EMC RACK	EA	1.489
6	1	VNXBCS	VNXB CONTROL STATION-EMC RACK	EA	0
7	3	VNXB76DM	VNX7600 ADD ON DM+FC SLIC-EMC RACK	EA	58.968
8	1	VNXB76DME	VNX7600 DME 2 DM+FC SLIC-EMC RACK	EA	0
9	2	VNXB76DMEX	EMPTY VNX76 DM ENCLOSURE-EMC RACK	EA	12.296
10	1	V-V4-230015	VNX 300GB 15K VAULT 25X2.5 DPE/DAE	EA	3.823
11	1	V4-2S15-300	VNX 300GB 15K SAS 25X2.5 DPE/DAE	EA	958
12	11	FLV42S6F-200	VNX 200GB FAST CACHE 25X2.5 DPE/DAE	EA	39.215
13	348	V4-VS07-040	VNX 4TB NL SAS 15X3.5 DAE	EA	476.412
14	4	VBMSASHDMSAS8	ONE PR 8M MINI SAS HD TO MINI SAS CBLS	EA	8.528
15	2	VBMSAS-MSAS10	ONE PR OF 10M MINI SAS TO MINI SAS CBLS	EA	1.636
16	3	VBPW40U-IEC3	CAB QUAD POWER CORD IEC309	EA	1.569
17	1	VNX76-KIT	VNX7600 Documentation Kit=IC	EA	0
18	2	VSPBM8GFFEA	VNXB 4 PORT 8G FC IO MODULE PAIR	EA	5.686
19	1	VSPBEXPSASBEA	VNXB SAS BE EXP 4 BUSES	EA	10.006
20	5	VDMBMXG2OPA	VNXB 10GBE 2 OP MODULE (2 SFP+)	EA	17.055
			Hardware Sub-total		€ 753.645
1	1	ESRS-GW-200	EMC SECURE REMOTE SUPPORT GATEWAY	EA	0
2	1	RP-LS	RECOVERPOINT LICENSE SOLUTION	EA	0
3	1	456-104-818	RP/SE LOC FOR LPS V75 V76=IC	EA	0
4	1392	VNXBOECAPTB	VNXB OE PER TB HI CAPACITY	EA	286.360
5	1	VNXBOEPERFTB	VNXB OE PER TB PERFORMANCE	EA	561
6	1	LPS-VNX7600	VNX7600 Local Protection Suite=IC	EA	11.995
7	1	UNISF-VNX7600	VNX7600 Unisphere File Suite=IC	EA	33.369
8	1	VNXOE-7600	VNX7600 Operating Environment	EA	0
9	1	FSTS-VNX7600	VNX7600 FAST Suite=IC	EA	73.611
10	1	EXPSAS-V76	Unisphere VNX7600 SAS EXP Software=IC	EA	17.862
			Software Sub-total		€ 422.758
1	1	PSINST-ESRS	ZERO DOLLAR ESRS INSTALL	EA	0
2	12	PS-BAS-ADDAE	RACK & STACK OF UPTO 2 DAE	EA	3.420
			BoE Complete : YES		
			Services Sub-total		€ 3.420
1	1	M-PRESWE-001	PREMIUM SW SUPPORT Includes months 1-36 @ € 1.088/mo	EA	73.892

Abbildung 19 - Anhang Preisanfrage EMC Seite 1

EMC Quote Analysis
EMC INTERNAL USE ONLY

Prepared By:

Quote Status:

Operating Unit:
Catalyst Order Type:
Primary BRS Rep:
Customer Selling Relationship:

Quote Name: TS Preisauskunft /
Beispielangebot
Quote #: 1006433612
Version 1 of 1
Approved Date:
System Date:
Contract #:
Stated Rate:

EMC²

AM KRONBERGER HANG 2A
SCHWALBACH, HESSEN 65824
Germany

Line #	QTY	Product ID	Description	Units	Total List Price (EUR)
2	1	WU-PREHWE-01	PREMIUM HW SUPPORT-WARR UPG	EA	66.197

Maintenance and Warranty Upgrade Sub-total	€ 140.089

Configuration Sub-total

Hardware Sub-total	€ 753.645
Software Sub-total	€ 422.758
Services Sub-total	€ 3.420
Maintenance and Warranty Upgrade Sub-total	€ 140.089
Configuration Total	€ 1.319.912

Proposal Summary

Hardware Summary	€ 753.645
Software Summary	€ 422.758
Services Summary	€ 3.420
Prepaid HW Maintenance Summary	€ 0
Prepaid SW Maintenance Summary	€ 73.892
HW Warranty Upgrade Summary	€ 66.197

Abbildung 20 - Anhang Preisanfrage EMC Seite 2

Warenkorb drucken

🖶 Diese Seite drucken

Beschreibung

Dell PowerEdge R720

Datum & Uhrzeit: Dienstag 05 August 2014 16:37

SYSTEMKOMPONENTEN

Dell PowerEdge R720		Menge	1
PowerEdge R720		Stückpreis	14.312,00 €
Katalognummer:	808 PER720		

Modul	Beschreibung Details anzeigen
Basis	PowerEdge R720
Basis-Service	3Yr Basic Warranty - Next Business Day
Support-Services	3Yr ProSupport and 4Hr Mission Critical
Bestellinformationen	PowerEdge Order - Germany
Proaktive Maintenance Services (Proaktive Wartung)	Declined Proactive Maintenance (Info)
Remote-Beratungsservice	INFO Declined Remote Consulting
Zusätzliche Versandetiketten	Versandetikett mit Bestellkonfiguration (Auftragsnummer, Versanddatum, Modell, Prozessorgeschwindigkeit, Festplattenlaufwerksgröße, RAM)
Dell Service: Installation	Installation of a Dell Server, Storage or Peripheral Device, PE Server MWT
Versand	PowerEdge R720 Shipping EMEA1 (English/French/German/Spanish/Russian /Hebrew)
PCIe Riserkarte	Risers with up to 6, x8 PCIe Slots + 1, x16 PCIe Slot
Integrierte Systemverwaltung	iDRAC7 Enterprise with VFlash, 8GB SD Card
Netzwerk Adapter	Broadcom 5720 QP 1Gb Network Daughter Card
Gehäusekonfiguration	2.5" Chassis with up to 16 Hard Drives
Blende	Bezel
BIOS-Einstellungen für die Energieverwaltung	Power Saving Dell Active Power Controller
RAID-Konfiguration	C4 - RAID 5 for H710p/H710/H310, 3-16 HDDs, Max based on the Chassis

Abbildung 21 - Anhang Dell DAS Preisangebot Seite 1

RAID-Controller	PERC H710 Integrated RAID Controller, 512MB NV Cache
Prozessor	Intel® Xeon® E5-2640, 2.50GHz, 15M Cache, 7.2GT/s QPI, Turbo, 6C, 95W, DDR3-1333MHz
Zusätzlicher Prozessor	Intel® Xeon® E5-2640, 2.50GHz, 15M Cache, 7.2GT/s QPI, Turbo, 6C, 95W, DDR3-1333MHz
Arbeitsspeicherkapazität	(8) 8GB RDIMM, 1600 MHz, Low Volt, Single Rank, x4 Data Width
DIMM-Typ und DIMM-Geschwindigkeit	1600 MHz RDIMMs
Arbeitsspeicherkonfigurations-Typ	Performance Optimized
Festplatten	(16) 300GB, SAS 6Gbps, 2.5in, 15K RPM Hard Drive (Hot-Plug)
System Dokumentation	Electronic System Documentation and OpenManage DVD Kit for R720 and R720xd
Internes optisches Laufwerk	8X DVD +/-RW, SATA Internal
Rackschienen	ReadyRails™ Sliding Rails with Cable Management Arm
Netzteil	Dual, Hot-plug, Redundant Power Supply (1+1), 750W
Netzkabel	(2) Rack Power Cord 2M (C13/C14 12A)
Vorinstalliertes Betriebssystem	No Operating System

SUMME : 14.312,00 €

Dell PowerVault MD3060e

Datum & Uhrzeit: Dienstag 05 August 2014 16:16

SYSTEMKOMPONENTEN

Dell PowerVault MD3060e	Menge	4
PowerVault MD3060e, 6Gb SAS, 4U-60 Drive Dense Expansion Enclosure, RKMNT	Stückpreis	58.034,95 €

Katalognummer: 808 PVMD3060E

Modul	Beschreibung	Details anzeigen
Basis	PowerVault MD3060e, 6Gb SAS, 4U-60 Drive Dense Expansion Enclosure, RKMNT	
Basis-Service	3 Yr Parts Only Minimum Warranty	
Support-Services	3Yr ProSupport Plus and 4Hr Mission Critical	
Bestellinformationen	PowerVault Order - Germany	
PowerVault Wartung	Declined Proactive Maintenance	
Remote Consulting	INFO Declined Remote Consulting	
Dell Service: Installation	EIS Installation of a Dell Server, Storage or Peripheral Device, PV Storage HWT	
Versand	MD3X60X EMEA1	

Abbildung 22 - Anhang Dell DAS Preisangebot Seite 2

Festplatten	(60) 4TB 7.2K RPM Near-Line SAS 6Gbps 3.5in Hot-plug Hard Drive
Netzkabel	(2) Power Cord, C20 to C19, PDU Style,16A, 250V, 2ft (0.6m)
Kabel	2 x 0.6M SAS Connector External Cable
Serverzubehör	Information sku - 1 to 4 Hosts

SUMME :232.139,80 €

	Summe exkl. MwSt.	MwSt.	Summe inkl. MwSt.
	246.451,80 €	19,00%	293.277,64 €
Gesamtlieferkosten	135,00 €	19,00%	160,65 €
Gesamtpreis	246.586,80 €		293.438,29 €

Copyright 1999-2014 Dell Inc.   Rechtliches und Compliance   Geschäftsbedingungen

Impressum / Anbieterkennzeichnung § 5 TMG   Nicht behobene Probleme   Datenschutz   Cookies verwalten

Über unsere Anzeigen   Kontakt   Wegweiser   Feedback

Produkte

Die Angaben über Preise und Ausstattungen sowie sonstige Inhalte dieser Website haben nur in der Bundesrepublik Deutschland Gültigkeit. Sie stellen kein Angebot im Rechtssinne dar. Druckfehler, Irrtümer und Änderungen vorbehalten. Auf den Abbildungen werden auch optionale Extras gezeigt, die in der Standardausstattung nicht enthalten sind. Alle Verkäufe erfolgen zu den Allgemeinen Geschäftsbedingungen der Dell GmbH.

snCM03

Abbildung 23 - Anhang Dell DAS Preisangebot Seite 3

HITACHI

Line	QTY	Product ID	Description	Units	Total List Price (EUR)
			Modell 4100 mit 1PB Storage		
1	1	4100DP25	4100 DPE 25X2.5" drive slots	EA	55.122
2	3	4100-U40-Rack	40U RACK with front panel	EA	7.166
3	24	4100-6GSAS15x3	5X3.5 6G SAS EXP RACK	EA	77.914
4	1	4100-6GSAS25x2	25X2.5 6G SAS PRI RACK	EA	4.981
5	1	4100-control	Control Station Rack (2nd)	EA	1.964
6	1	4100-control	Control Station Rack	EA	0
10	1	300GB15K SAS	300GB 15K VAULT 25X2.5 DPE/DAE	EA	4.932
12	11	FC-25SAS-250GB	250GB FAST CACHE 25X2.5 DPE/DAE	EA	48.627
13	350	SAS-4TB-15	4TB NL SAS 15X3.5	EA	585.987
14	4	MiniSAS-8M	SAS HD to MINI SAS cable (8m)	EA	10.745
15	2	MiniSAS-10M	SAS HD to MINI SAS cable (10m)	EA	2.045
17	1	4100-dok-kit	VNX7600 Documentation Kit=iC	EA	0
18	2	4p-8G-FC-IO-M	4 Port 8G FC IO Module (pair)	EA	7.562
20	5	8G-SFP	10GBE 2 OP Module (2 SFP+)	EA	21.148
			Hardware Sub-total		**€ 828.193**
1	1	remsup	Remote support	EA	0
2	1	lic-rec	Recover license	EA	0
3	1	lice-snap	Snapshot license	EA	0
4	1412	PTB-Cap	OE PER TB HI CAPACITY	EA	345.286
5	1	PTB-Perf	OE PER TB PERFORMANCE	EA	1.178
6	1	lic-cifs	CIFS License	EA	16.793
7	1	lic-clust	Cluster License	EA	41.711
			Software Sub-total		**€ 404.968**
1	1	4100-install	Installation	EA	0
2	12	4100-cfg	Configuration and Test	EA	6.498
			Services Sub-total		**€ 6.498**
1	1	36M-Prem-Sup	36 month support	EA	84.976
2	1	Prem-HW-Sup	Premium Hardware support	EA	84.732
			Support Sub-total		**€ 169.708**
			Configuration Sub-total		
			Hardware Sub-total		€ 828.193
			Software Sub-total		€ 404.968
			Services Sub-total		€ 6.498
			Maintenance and Warranty Upgrade Sub-total		€ 169.708
			Configuration Total		**€ 1.409.367**

Abbildung 24 - Anhang Preisanfrage Hitachi

Um die Kosten für die Erweiterungen ermitteln zu können, wurden entsprechende Berechnungen angestellt. Die Preise hierfür wurden aus den Angeboten des jeweiligen Herstellers zur jeweiligen Lösung entnommen. Dabei liegt der Fokus auf den ersten beiden Architekturvorschlägen, da beim dritten

Architekturvorschlag, der Storage von einem externen Anbieter bezogen wird. Zunächst wird ein Disk-Shelf inklusive Festplatten als eine Erweiterungseinheit festgelegt. Da das System als Cluster aufgebaut werden soll, ist eine Verdoppelung der Disk-Shelfs notwendig, sodass bereits zwei benötigt werden. Aufgrund dessen, dass das System in zwei Rechenzentren errichtet werden soll, ist erneut eine Verdoppelung der Disk-Shelfs notwendig, sodass sich vier Disk-Shelfs inklusive Festplatten als eine Erweiterungseinheit ergibt, wobei ein Disk-Shelf netto nutzbar ist und der Rest aufgrund Redundanz notwendig ist. Nachdem die Größe einer Erweiterungseinheit errechnet wurde, muss der tatsächlich netto nutzbare Speicherplatz ermittelt werden. Dies geschieht, indem der Umrechnungsfehler von Byte bis hin zu TB beseitigt wird, da die Festplatenhersteller aus Vereinfachungsgründen bei der Umrechnung der Speichergrößen mit 1000 statt 1024 rechnen. Ebenso wird der Verlust von Speicherkapazität beim Einsatz eines RAID-Levels subtrahiert.

Beim ersten Architekturvorschlag wurde ein RAID DP verwendet, welcher mit einer Ausprägung von 14 Datenfestplatten + 2 Parity Festplatten erstellt werden kann, sodass 6 Festplatten a 4 TB vom nutzbaren Festplattenspeicher verloren gehen. Beim zweiten Architekturvorschlag wird ein RAID 10 verwendet, welcher die Hälfte der Festplattenkapazität beansprucht. Zuletzt wird noch ein Puffer von 20 % abgezogen, sodass sich verbleibend die netto nutzbare Speicherkapazität ergibt, wie in Abbildung 25 zu sehen.

Art	Lösung 1		Lösung 2		Lösung 3
	vorhanden	Erweiterung	vorhanden	Erweiterung	
Ausgangsgröße	8 Shelfs	4 Shelfs	4 Shelfs	2 Shelfs	benutzerabhängig
- pro RZ	4 Shelfs	2 Shelfs	2 Shelfs	1 Shelfs	-
- Abzug Redundanz	2 Shelfs	1 Shelfs	-	-	-
= pro Server, por RZ	2 Shelfs	1 Shelfs	2 Shelfs	1 Shelfs	-
Ausgangsgröße pro RZ brutto	384,00 TB	192,00 TB	480,00 TB	240,00 TB	-
- Umrechnungsfehler (1000 statt 1024)	34,75 TB	17,38 TB	43,44 TB	21,72 TB	-
- RAID (Hersteller spezifisch)	24,00 TB	24,00 TB	218,28 TB	109,14 TB	-
= Augsangsgröße netto	325,25 TB	150,62 TB	218,28 TB	109,14 TB	-
-Puffer(20%)	65,05 TB	30,12 TB	43,66 TB	21,83 TB	-
= verbleibende Größe (netto nutzbar)	260,20 TB	120,50 TB	174,62 TB	87,31 TB	benutzerabhängig

Abbildung 25 - Anhang Berechnung der netto nutzbaren Kapazität

Für die Ermittlung der Erweiterungskosten wird der Preis pro ermittelte Erweiterungseinheit zugrunde gelegt. Des Weiteren wurden weitere Kosten, wie beispielsweise für Lieferung veranschlagt. Außerdem wurde von dieser Zwischensumme (Gesamtkosten vor Rabatt) ein Rabatt in Höhe von 65 % für Lösung 1 und 30 % für Lösung 2 angenommen. Zusätzlich wurden Kosten für das Betriebssystem Windows Server 2012 R2 Standard[134] hinzuaddiert, falls notwendig, sodass die Gesamtkosten ermittelt werden konnten.

Komponente	Erweiterungskosten (um eine Einheit pro Server pro Rechenzentrum)					
	Lösung 1		Lösung 2			
			nur Shelf-Erweiterung		Shelf + Controller	
	Anzahl	Kosten / Einheit	Anzahl	Kosten / Einheit	Anzahl	Kosten / Einheit
neues System (Controller)	0	0			2	14.312,00 €
Shelf, inkl. Platten	4	56.204,00 €	2	58.034,95 €	4	58.034,95 €
sonstiges	640	26,00 €	1	135,00 €	1	135,00 €
Gesamtkosten vor Rabatt	241.456,00 €		116.204,90 €		260.898,80 €	
Rabatt	156.946,40 €		34.861,47 €		78.269,64 €	
Preis nach Rabatt	84.509,60 €		81.343,43 €		182.629,16 €	
Betriebssystem (W2k12 R2 Std)	0,00 €		676,81 €		676,81 €	
Gesamtkosten	84.509,60 €		82.020,24 €		183.305,97 €	

Abbildung 26 - Anhang Berechnung der Erweiterungskosten

Abbildung 27 zeigt die verwendeten Formeln für die Berechnung der netto nutzbaren Speicherkapazität am Beispiel für Lösung 1 auf.

Art	Lösung 1	
	vorhanden	Erweiterung
Ausgangsgröße	8	4
- pro RZ	=B30/2	=C30/2
- Abzug Redundanz	=B31/2	=C31/2
= pro Server, por RZ	=B31-B32	=C31-C32
Ausgangsgröße pro RZ brutto	=B33 * 4 *48	=C33 * 4 *48
- Umrechnungsfehler (1000 statt 1024)	=B34-(B34*1000*1000*1000*1000)/(1024*1024*1024*1024)	=C34-(C34*1000*1000*1000*1000)/(1024*1024*1024*1024)
- RAID (Hersteller spezifisch)	=1*6*4	=1*6*4
= Augsangsgröße netto	=B34-B35-B36	=C34-C35-C36
-Puffer(20%)	=B37*0,2	=C37*0,2
=verbleibende Größe (netto nutzbar)	=B37-B38	=C37-C38

Abbildung 27 - Berechnung der netto nutzbaren Kapazität Formeln

Die nachfolgende Abbildung zeigt die verwendeten Formeln für die Berechnung der Erweiterungskosten auf.

---

[134] Amazon, Microsoft Win Srv 2012 R2 Standard x64 EN, 2014

	Erweiterungskosten (um eine Einheit pro Server pro Rechenzentrum)					
Komponente	Lösung 1		Lösung 2			
			nur Shelf-Erweiterung		Shelf + Controller	
	Anzahl	Kosten / Einheit	Anzahl	Kosten / Einheit	Anzahl	Kosten / Einheit
neues System (Controller)	0	0			2	14312
Shelf, inkl. Platten	4	56204	2	58034,95	4	58034,95
sonstiges	=4"40"4	26	1	135	1	135
Gesamtkosten vor Rabatt	=B46"C46+B47"C47+B48"C48		=D46"E46+D47"E47+D48"E48		=F46"G46+F47"G47+F48"G48	
Rabatt	=B49"0,65		=D49"0,3		=F49"0,3	
Preis nach Rabatt	=B49-B50		=D49-D50		=F49-F50	
Betriebssystem (W2k12 R2 Std)	0		676,81		676,81	
Gesamtkosten	=B51		=D51+D52		=F51+F52	

Abbildung 28 - Anhang Formeln für Berechnung der Erweiterungskosten

Für die Ermittlung des GB-Preises für Architekturvorschlag drei, wurden die Preise von Amazon S3 verwendet, welche auf der Amazon Webseite veröffentlicht sind[135]. Die angewandten Annahmen aus Kapitel 5.4 sind in Abbildung 29 mit den zugehörigen Preisen ersichtlich. Da die Preise in US-Dollar angegeben sind, wurden diese mit einem Umrechnungskurs von 1,33 US-Dollar/Euro in die europäische Einheitswährung umgerechnet. Die Summe der addierten Annahmen entspricht den *Gesamtkosten Anforderungen*. Anschließend wurden die Kosten für die angenommene Speicherkapazität pro Benutzer ermittelt als auch der geschätzte Netzwerktraffic. Die monatlichen Gesamtkosten des externen Providers ergeben sich aus der Summe *Gesamtkosten Anforderungen, Kosten Speicher pro Monat* und *Kosten Traffic*. Um die jährlichen Gesamtkosten des externen Providers zu ermitteln, wurden die monatlichen Kosten mit der Anzahl der Monate pro Jahr multipliziert. Um schlussendlich die Gesamtkosten für den dritten Architekturvorschlag pro Monat sowie pro Jahr zu erhalten, wurden Personalkosten (*Kosten FTE*) pro Monat und Jahr veranschlagt sowie Lizenzkosten pro Monat und Jahr. Die Gesamtkosten des dritten Architekturvorschlags ergeben sich aus der Summe der jährlichen Gesamtkosten des externen Providers, jährlichen Personalkosten (*Kosten FTE jährl.*) und der jährlichen Lizenzkosten. Der jährliche Preis pro GB ergibt sich aus der Division der Gesamtkosten für den dritten Architekturvorschlag, der Anzahl der Benutzer und der angenommenen Speicherkapazität pro Benutzer. Der Preis pro GB pro Monat ergibt sich dementsprechend aus der Division des GB-Preises pro Jahr und der Anzahl

---

[135] Amazon, Amazon S3 - Preise, 2014

85

der Monate pro Jahr. Der Preis pro GB wurde für 1 Benutzer, 100.000, 250.000, 500.000, 750.000 und 1 Million Benutzer berechnet. Abbildung 29 veranschaulicht dies.

Berechnung für Lösung 3						
Anzahl Benutzer	1	100.000	250.000	500.000	750.000	1.000.000
1.000 PUT	3,76 €	375,94 €	939,85 €	1.879,70 €	2.819,55 €	3.759,40 €
1.000 COPY	3,76 €	375,94 €	939,85 €	1.879,70 €	2.819,55 €	3.759,40 €
1.000 POST	3,76 €	375,94 €	939,85 €	1.879,70 €	2.819,55 €	3.759,40 €
2.000 LIST	7,52 €	751,88 €	1.879,70 €	3.759,40 €	5.639,10 €	7.518,80 €
1.000 GET	3,01 €	300,75 €	751,88 €	1.503,76 €	2.255,64 €	3.007,52 €
400 Archivierung	1,20 €	60,15 €	187,97 €	375,94 €	563,91 €	751,88 €
200 Wiederherstellung	0,60 €	60,15 €	150,38 €	300,75 €	451,13 €	601,50 €
Gesamtkosten Anforderungen	23,61 €	2.300,75 €	5.789,47 €	11.578,95 €	17.368,42 €	23.157,89 €
1,25 GB Speicher	1,25 GB	122.070 TB	305.176 TB	610.352 TB	915.527 TB	1.220.703 TB
Kosten Speicher pro Monat	0,04 €	2.745,19 €	6.833,55 €	13.604,98 €	20.301,39 €	26.912,86 €
960,00 MB Traffic	960 MB	91.553 TB	228.882 TB	457.764 TB	686.646 TB	915.527 TB
Kosten Traffic	0,00 €	6.574,98 €	13.661,62 €	22.472,72 €	29.846,78 €	36.895,63 €
mon. Gesamtkosten ext. Provider	23,65 €	11.620,92 €	26.284,64 €	47.656,65 €	67.516,60 €	86.966,39 €
jährl. Gesamtkosten ext. Provider	283,76 €	139.451,07 €	315.415,73 €	571.879,77 €	810.199,15 €	1.043.596,64 €
Kosten FTE mon.	-	14.166,23 €	14.166,23 €	14.166,23 €	14.166,23 €	14.166,23 €
Kosten FTE jährl.	-	169.994,78 €	169.994,78 €	169.994,78 €	169.994,78 €	169.994,78 €
Lizenzkosten mon.	-	44.000,00 €	57.500,00 €	90.000,00 €	135.000,00 €	150.000,00 €
Lizenzkosten jährl.	-	528.000,00 €	690.000,00 €	1.080.000,00 €	1.620.000,00 €	1.800.000,00 €
Gesamtkosten Lösung 3	-	837.445,85 €	1.175.410,51 €	1.821.874,55 €	2.600.193,93 €	3.013.591,42 €
GB-Preis Lösung mon.	-	0,558 €	0,313 €	0,243 €	0,231 €	0,201 €
GB-Preis Lösung jährl.	-	6,700 €	3,761 €	2,915 €	2,774 €	2,411 €

Abbildung 29 - Anhang Berechnung Architekturvorschlag 3

Abbildung 30 zeigt die verwendeten Formeln für die Berechnung des dritten Architekturvorschlags auf.

Berechnung für Lösung 3		
Anzahl Benutzer	1	100000
=50*20	=($B$57*$A$58*Tabelle2!$F$3)/1,33	=($C$57/1000*$A$58*Tabelle2!$F$3)/1,33
=50*20	=$B$57*$A$59*Tabelle2!F4/1,33	=($C$57/1000*$A$59*Tabelle2!$F$4)/1,33
=50*20	=$B$57*$A$60*Tabelle2!F5/1,33	=($C$57/1000*$A$60*Tabelle2!$F$5)/1,33
=100*20	=$B$57*$A$61*Tabelle2!F6/1,33	=($C$57/1000*$A$61*Tabelle2!$F$6)/1,33
=50*20	=$B$57*$A$59*Tabelle2!F7/1,33	=($C$57/1000*$A$62*Tabelle2!$F$7)/1,33
=20*20	=$B$57*$A$63*Tabelle2!F8/1,33	=($C$57/1000*$A$64*Tabelle2!$F$8)/1,33
=10*20	=$B$57*$A$64*Tabelle2!F9/1,33	=($C$57/1000*$A$64*Tabelle2!$F$9)/1,33
Gesamtkosten Anforderungen	=SUMME(B58:B64)	=SUMME(C58:C64)
1,25	=$B$57*$A$66	=$C$57*$A$66/1024
Kosten Speicher pro Monat	=B66*Tabelle2!B3	=((1*1024*Tabelle2!$B$3)+(49*1024*Tabelle2!$B$4)+(72,07*1024*Tabelle2!$B$5))/1,33
=A66*1024*0,75	=$B$57*$A$68	=$C$57*$A$68/1024/1024
Kosten Traffic	=B68*Tabelle2!D3	=((10*1024*Tabelle2!$D$4)+(40*1024*Tabelle2!$D$5)+(41,553*1024*Tabelle2!$D$5))/1,33
mon. Gesamtkosten ext. Provic	=B65+B67+B69	=C65+C67+C69
jährl. Gesamtkosten ext. Provic	=B70*12	=C70*12
Kosten FTE mon.	-	=$G$115*$G$84
Kosten FTE jährl.	-	=$G$113
Lizenzkosten mon.	-	=B8
Lizenzkosten jährl.	-	=B4
Gesamtkosten Lösung 3	-	=C73+C71+C75
GB-Preis Lösung mon.	-	=(C70+C57z+C74)/C57/1,25
GB-Preis Lösung jährl.	-	=(C$76)/C$57/1,25

Abbildung 30 - Anhang Berechnung Architekturvorschlag 3 Formeln

Bei der Berechnung der Personalkosten wurden die Annahmen, welche in Kapitel 5.4 ersichtlich sind, zugrunde gelegt. Die Anzahl der Sonntage sowie der einzelnen Feiertage wurden recherchiert und für die Berechnung verwendet[136]. Für die Feiertagszuschläge wurde nach §3b EStG verfahren[137]. Die Berechnung der einzelnen Zuschläge wurde zu einer Summe, den Gesamtkosten Zuschläge, zusammengefasst. Anschließend wurde der jährliche Bruttolohn errechnet, indem die Anzahl der Stunden pro Monat mit dem jeweiligen Stundensatz der jeweiligen Lösung multipliziert wurden. Diese wiederum wurden mit 12 multipliziert und die Vermögenswirksamen Leistungen (VWL) hinzuaddiert. Danach wurden die Sozialabgaben des Arbeitgebers sowie der Beitrag zur Berufsgenossenschaft inklusive der Insolvenzabgabe (*BG inkl. Insolvenzabgabe*) entsprechend berechnet und zu einer Summe (*SV Gesamt*) zusammengefasst. Betriebliche Altersversorgung (*BAV*), Personalzusatzkosten und Verwaltungskosten wurden ebenfalls veranschlagt, welche gemeinsam die Summe *Gesamt Personalzusatzkosten* bilden. Die Gesamtkosten pro Jahr wurden ermittelt, indem die Gesamtkosten für Zuschläge, *Bruttolohn (Jahr), SV Gesamt*, Kosten für Schulungen und Personalzusatzkosten gemeinsam zu einer Summe zusammengefasst wurden. Außerdem wurden die Personalkosten pro Jahr, pro Monat und pro Stunde für den jeweiligen Architekturvorschlag errechnet, was in Abbildung 31 ersichtlich ist. Für Lösung 3 wurden Löhne von Outsourcing Kräften verwendet, welche Onshore, wie z. B. in Ungarn sitzen.

---

[136] schnelle-info.de, 2014
[137] dejure.org, 2014

Art	FTE-Kosten (2015)					
	Lösung 1		Lösung 2		Lösung 3	
	pro FTE	ben. FTE	pro FTE	ben. FTE	pro FTE	ben. FTE
Anzahl FTEs	1 FTE	3 FTEs	1 FTE	6 FTEs	1 FTE	3 FTEs
Anzahl Stunden im Monat	160 Std.	480 Std.	160 Std.	960 Std.	160 Std.	480 Std.
Stundensatz	20,00 €	20,00 €	15,00 €	15,00 €	10,00 €	10,00 €
240,00 € VWL / Jahr	240,00 €	720,00 €	240,00 €	1.440,00 €	240,00 €	720,00 €
Anzahl Arbeitstage (brutto)	261,00 Tage	261,00 Tage	261,00 Tage	261,00 Tage	261,00 Tage	261,00 Tage
- Urlaub im Jahr	30 Tage	30 Tage	30 Tage	30 Tage	30 Tage	30 Tage
- Krankheit im Jahr	10 Tage	10 Tage	10 Tage	10 Tage	10 Tage	10 Tage
- Sonderurlaub im Jahr	1 Tage	1 Tage	1 Tage	1 Tage	1 Tage	1 Tage
= Anzahl Arbeitstage (netto)	220,00 Tage	220,00 Tage	220,00 Tage	220,00 Tage	220,00 Tage	220,00 Tage
Anzahl Sonntage	52 Tage	52 Tage	52 Tage	52 Tage	52 Tage	52 Tage
Anzahl Feiertage 125%	10,58 Tage	10,58 Tage	10,58 Tage	10,58 Tage	10,58 Tage	10,58 Tage
Anzahl Feiertage 150%	3,58 Tage	3,58 Tage	3,58 Tage	3,58 Tage	3,58 Tage	3,58 Tage
25 % Nachtzuschlag	2.933,33 €	8.800,00 €	2.200,00 €	13.200,00 €	1.466,67 €	4.400,00 €
50 % Sonntagszuschlag	1.386,67 €	4.160,00 €	1.040,00 €	6.240,00 €	693,33 €	2.080,00 €
125 % Feiertagszuschlag	705,33 €	2.116,00 €	529,00 €	3.174,00 €	352,67 €	1.058,00 €
150 % Feiertagszuschlag	286,40 €	859,20 €	214,80 €	1.288,80 €	143,20 €	429,60 €
Gesamtkosten Zuschläge	5.311,73 €	15.935,20 €	3.983,80 €	23.902,80 €	2.655,87 €	7.967,60 €
= Bruttolohn (Jahr)	38.640,00 €	115.920,00 €	38.640,00 €	231.840,00 €	38.640,00 €	115.920,00 €
9,45 % AG RV	3.651,48 €	10.954,44 €	3.651,48 €	21.908,88 €	3.651,48 €	10.954,44 €
1,50 % AG AV	579,60 €	1.738,80 €	579,60 €	3.477,60 €	579,60 €	1.738,80 €
7,30 % KV	2.820,72 €	8.462,16 €	2.820,72 €	16.924,32 €	2.820,72 €	8.462,16 €
1,025 % PV	396,06 €	1.188,18 €	396,06 €	2.376,36 €	396,06 €	1.188,18 €
5,50 % BG inkl. Insolvenzabgabe	2.125,20 €	6.375,60 €	2.125,20 €	12.751,20 €	2.125,20 €	6.375,60 €
= SV Gesamt	9.573,06 €	28.719,18 €	9.573,06 €	57.438,36 €	9.573,06 €	28.719,18 €
5 % BAV	1.932,00 €	5.796,00 €	1.932,00 €	11.592,00 €	1.932,00 €	5.796,00 €
7,50 % Personalzusatzkosten	2.898,00 €	8.694,00 €	2.898,00 €	17.388,00 €	2.898,00 €	8.694,00 €
2,50 % Verwaltungskosten	966,00 €	2.898,00 €	966,00 €	5.796,00 €	966,00 €	2.898,00 €
Schulung	4.500,00 €	13.500,00 €	3.190,00 €	19.140,00 €	0,00 €	0,00 €
= Gesamt Personalzusatzkosten	5.796,00 €	17.388,00 €	5.796,00 €	34.776,00 €	5.796,00 €	17.388,00 €
= Gesamtkosten / Jahr	63.820,79 €	191.462,38 €	61.182,86 €	367.097,16 €	56.664,93 €	169.994,78 €
= Gesamtkosten / FTE / Jahr	63.820,79 €	63.820,79 €	61.182,86 €	61.182,86 €	56.664,93 €	56.664,93 €
= Gesamtkosten / FTE / Monat	5.318,40 €	5.318,40 €	5.098,57 €	5.098,57 €	4.722,08 €	4.722,08 €
= Gesamtkosten / FTE / Std.	33,24 €	33,24 €	31,87 €	31,87 €	29,51 €	29,51 €

Abbildung 31 - Anhang Personalkostenberechnung für 2015

Die Berechnung der Personalkosten, kann aus der nachfolgenden Abbildung entnommen werden, welche die verwendeten Formeln beispielhaft für Lösung 1 und aufzeigt.

Art	Lösung 1		Lösung 2	
	pro FTE	ben. FTE	pro FTE	ben. FTE
Anzahl FTEs	1	3	1	6
Anzahl Stunden im Monat	=8*20*B84	=8*20*C84	=8*20*D84	=8*20*E84
Stundensatz	20	20	15	15
240	=B84*$A$87	=C84*$A$87	=D84*$A$87	=E84*$A$87
Anzahl Arbeitstage (brutto)	261	261	261	261
- Urlaub im Jahr	30	30	30	30
- Krankheit im Jahr	10	10	10	10
- Sonderurlaub im Jahr	1	1	1	1
= Anzahl Arbeitstage (netto)	=B88-B89-B90-B91	=C88-C89-C90-C91	=D88-D89-D90-D91	=E88-E89-E90-E91
Anzahl Sonntage	52	52	52	52
Anzahl Feiertage 125%	10,58	10,58	10,58	10,58
Anzahl Feiertage 150%	3,58	3,58	3,58	3,58
25	=B92/3*($B$86*8)*($A$96/100)	=C92/3*($C$86*8)*($A$96/100)*C84	=D92/3*($D$86*8)*($A$96/100)	=E92/3*($E$86*8)*($A$96/100)*E84
50	=B93/3*(B$86*8)*($A$97/100)	=C93/3*(C$86*8)*($A$97/100)*C84	=D93/3*(D$86*8)*($A$97/100)	=E93/3*(E$86*8)*($A$97/100)*E84
125	=B94/3*$B$86*8*($A$98/100)	=C94/3*$C$86*8*($A$98/100)*C84	=D94/3*$D$86*8*($A$98/100)	=E94/3*$E$86*8*($A$98/100)*E84
150	=B95/3*$B$86*8*($A$99/100)	=C95/3*$C$86*8*($A$99/100)*C84	=D95/3*$D$86*8*($A$99/100)	=E95/3*$E$86*8*($A$99/100)*E84
Gesamtkosten Zuschläge	=SUMME(B96:B99)	=SUMME(C96:C99)	=SUMME(D96:D99)	=SUMME(E96:E99)
= Bruttolohn (Jahr)	=B85*B86*12+B87	=C85*$B$86*12+C87	=D85*$B$86*12+D87	=E85*$B$86*12+E87
9,45	=$B$101*A102/100	=$C$101*$A$102/100	=$D$101*$A$102/100	=$E$101*$A$102/100
1,5	=$B$101*A103/100	=$C$101*$A$103/100	=$D$101*$A$103/100	=$E$101*$A$103/100
7,3	=$B$101*A104/100	=$C$101*$A$104/100	=$D$101*$A$104/100	=$E$101*$A$104/100
1,025	=$B$101*A105/100	=$C$101*$A$105/100	=$D$101*$A$105/100	=$E$101*$A$105/100
5,5	=$B$101*A106/100	=$C$101*$A$106/100	=$D$101*$A$106/100	=$E$101*$A$106/100
= SV Gesamt	=SUMME(B102:B106)	=SUMME(C102:C106)	=SUMME(D102:D106)	=SUMME(E102:E106)
3	=B101*$A$108/100	=C101*$A$108/100	=D101*$A$108/100	=E101*$A$108/100
7,5	=B101*$A$109/100	=C101*$A$109/100	=D101*$A$109/100	=E101*$A$109/100
2,5	=B101*$A$110/100	=C101*$A$110/100	=D101*$A$110/100	=E101*$A$110/100
Schulung	4800	=B111*C84	9190	=D111*E84
= Gesamt Personalzusatzkosten	=SUMME(B108:B110)	=SUMME(C108:C110)	=SUMME(D108:D110)	=SUMME(E108:E110)
= Gesamtkosten / Jahr	=B100+B101+B107+B112+B111	=C100+C101+C107+C112+C111	=D100+D101+D107+D112+D111	=E100+E101+E107+E112+E111
= Gesamtkosten / FTE / Jahr	=B113/B84	=C113/C84	=D113/D84	=E113/E84
= Gesamtkosten / FTE / Monat	=B113/12	=C113/12/C84	=D113/12/D84	=E113/12/E84
= Gesamtkosten / FTE / Std.	=B115/B85	=C115/(C85/C84)	=D115/D85	=E115/(E85/E84)

Abbildung 32 - Anhang Personalkostenberechnung für 2015 Formeln

In Abbildung 33 sind die verwendeten Formeln für die Berechnung des GB-Preises inklusive des Gewinnzuschlags ersichtlich.

GB-Preis pro Monat pro User + 30% Gewinnzuschlag			
Anzahl Benutzer	Lösung 1	Lösung 2	Lösung 3
100000	=B13*1,3	=B21*1,3	=C77*1,3
250000	=C13*1,3	=C21*1,3	=D77*1,3
500000	=D13*1,3	=D21*1,3	=E77*1,3
750000	=E13*1,3	=E21*1,3	=F77*1,3
1000000	=F13*1,3	=F21*1,3	=G77*1,3

Abbildung 33 - Anhang GB-Preis mit Gewinnzuschlag Formeln

Die Berechnung des GB-Preises inklusive des Gewinn- und Risikozuschlags kann samt den Formeln aus Abbildung 34 entnommen werden.

GB-Preis pro Monat pro User + 30% Gewinnzuschlag + 20% für L2, 50% für L3			
Anzahl Benutzer	Lösung 1	Lösung 2	Lösung 3
100000	=B13*1,3	=B21*1,3*1,2	=C77*1,3*1,5
250000	=C13*1,3	=C21*1,3*1,2	=D77*1,3*1,5
500000	=D13*1,3	=D21*1,3*1,2	=E77*1,3*1,5
750000	=E13*1,3	=E21*1,3*1,2	=F77*1,3*1,5
1000000	=F13*1,3	=F21*1,3*1,2	=G77*1,3*1,5

Abbildung 34 - GB-Preis mit Gewinn- und Risikozuschlag Formeln

Alle wirtschaftlichen Berechnungen können aus der auf der CD befindlichen Excel-Datei mit dem Namen "Wirtschaftlichkeitsberechnung.xlsx" entnommen und nachvollzogen werden.

Literaturverzeichnis

Alvarez, Carlos. *Back to Basics: Deduplizierung.* 2014.
http://www.netapp.com/de/communities/tech-ontap/de-tot-bb-deduplication-
1103.aspx (Zugriff am 15. August 2014).

Amazon. *Amazon S3 - Preise.* 2014. http://aws.amazon.com/de/s3/pricing/
(Zugriff am 12. August 2014).

—. *Microsoft Win Srv 2012 R2 Standard x64 EN.* 2014.
http://www.amazon.de/Microsoft-Win-Srv-2012-
Standard/dp/B00GAIMXR4/ref=sr_1_10?s=software&ie=UTF8&qid=1409857
413&sr=1-10&keywords=windows+server+2012+R2 (Zugriff am 04.
September 2014).

Baun, Christian, Marcel Kunze, Jens Nimis, und Stefan Tai. „Cloud-
Computing - Web-basierte dynamische IT-Services." S. 27 - 29, 29 - 33, 33 -
35, 35 - 37, 43 - 73, 73 - 76. Berlin: Springer-Verlag, 2011.

bfdi.bund.de. *Bundesbeauftragter für den Datenschutz und die
Informationsfreiheit - Artikel 29-Gruppe - Safe Harbor.* 2014.
http://www.bfdi.bund.de/DE/EuropaUndInternationales/Art29Gruppe/Artikel/S
afeHarbor.html?nn=409532 (Zugriff am 15. August 2014).

Bittman, Thomas J., Mark A. Margevicius, und Philip Dawson. *Magic
Quadrant for x86 Server Virtualization Infrastructure.* 2014.
http://www.gartner.com/technology/reprints.do?id=1-
1WR7CAC&ct=140703&st=sb (Zugriff am 11. August 2014).

Blomer, Roland, Hertmut Mann, und Martin G. Bernhard. „Praktisches IT-
Management." S. 50 - 51. Düsseldorf: Symposion Publishing GmbH, 2006.

Boddenberg, Ulrich B. „Windows Server 2012 R2." S. 378 - 381, 525 - 562,
562 - 567, 602 - 634, 729 - 756, 828 - 851, 865 - 870, 909 - 1045, 1250 -
1252. Bonn: Galileo Press, 2014.

Brands, Gilbert. „Verschlüsselung, Signaturen, Angriffsmethoden." S. 317 -
318. Norderstedt: Books on Demand GmbH, 2012.

Brandt, Mathias. *Androiden dominieren den Smartphone-Markt.* 2014.
http://de.statista.com/infografik/902/weltweiter-marktanteil-der-smartphone-
betriebssysteme/ (Zugriff am 14. August 2014).

Brooks, Charlotte. *Best Practices for MetroCluster Design and
Implementation.* 2014. http://www.netapp.com/us/system/pdf-

reader.aspx?pdfuri=tcm:10-59919-16&m=tr-3548.pdf (Zugriff am 13. August 2014).

BSI. „Band G, Kapitel 2: Definitionen." *Bundesamt für Sicherheit in der Informationstechnik.* 2013. https://www.bsi.bund.de/SharedDocs/Downloads/DE/BSI/Hochverfuegbarkeit /BandG/G2_Definitionen.pdf?__blob=publicationFile (Zugriff am 14. August 2014).

—. *Cloud-Computing Grundlagen.* 2014. https://www.bsi.bund.de/DE/Themen/CloudComputing/Grundlagen/Grundlag en_node.html (Zugriff am 08. August 2014).

Castagna, Rich. *Umfrage zur Zufriedenheit mit NAS-Storagesystemen: Top-Noten für EMC und Hitachi.* 2012. http://www.searchstorage.de/sonderbeitrag/Umfrage-zur-Zufriedenheit-mit-NAS-Storagesystemen-Top-Noten-fuer-EMC-und-Hitachi (Zugriff am 15. August 2014).

Cisco. *Cisco.* 2014. http://www.cisco.com/c/dam/en/us/td/i/100001-200000/110001-120000/119001-120000/119227.ps/_jcr_content/renditions/119227.jpg (Zugriff am 11. August 2014).

Citrix. „ShareFile - Enterprise Data Sheet." *Citrix.com.* 2014. http://www.citrix.com/content/dam/citrix/en_us/documents/products-solutions/citrix-sharefile-enterprise-datasheet.pdf (Zugriff am 14. August 2014).

—. „ShareFile Enterprise technical Overview." *Citrix.com.* 2014. http://www.citrix.com/content/dam/citrix/en_us/documents/products-solutions/citrix-sharefile-enterprise-a-technical-overview.pdf (Zugriff am 14. August 2014).

Ctera. *Cloud Storage Gateways with full NAS features, CIFS, NFS, AFP, rsync.* 2014. http://www.ctera.com/products/products/cloud-storage-gateways (Zugriff am 08. August 2014).

—. „Private Enterprise File Sync & Share Whitepaper." *Ctera.com.* 2014. http://www2.ctera.com/e/14552/17fWip1/4xjk1/370228488 (Zugriff am 13. August 2014).

—. *Secure File Access and Sharing on Mobile Devices.* 2014. www.ctera.com/products/products/mobile-app-iphone-ipad-android (Zugriff am 13. August 2014).

dejure.org. *§ 3b Steuerfreiheit von Zuschlägen für Sonntags-, Feiertags- oder Nachtarbeit.* 2014. http://dejure.org/gesetze/EStG/3b.html (Zugriff am 14. August 2014).

Dille, Nicholas, Marc Grote, Nils Kaczenski, und Jan Kappen. „Microsoft Hyper-V und System Center." S. 84 - 89, 406 - 429, 553 - 629. Bonn: Galileo Press, 2014.

Eckert, Michael. „Virtualisierung & Cloud Computing." S. 83 - 90. München: IDG Business Media GmbH, 2011.

EMC. *Compare Products - EMC Store.* 2014. https://store.emc.com/fg/h/p/vnxe/productCompare?textSearchData=&prodArray=VNX-VNX8000-storage-platform,VNX-VNX7600-storage-platform,VNX-VNX5800-storage-platform&refineSearchParameter=:relevance:ProductFamily:VNX%20Products:ProductType:Storage%20System&cu (Zugriff am 08. August 2014).

Fritsch, Jens. „IT-Infrastrukturen in Unternehmen: Inventarisierung und Überwachung." S. 13 - 25. Hamburg: Igel Verlag, 2009.

gesetze-im-internet.de. „Gesetze im Internet - Bundesdatenschutzgesetz (BDSG)." *Gesetze im internet.* Herausgeber: Bundesministeriums der Justiz und für Verbraucherschutz (juris). 2009. http://www.gesetze-im-internet.de/bundesrecht/bdsg_1990/gesamt.pdf (Zugriff am 12. August 2014).

Gladinet. *Cloud Enterprise - Feature Gallery.* 2014. http://gladinet.com/CloudEnterprise/features/Default.aspx (Zugriff am 08. August 2014).

—. *Cloud Enterprise Quick Start Guide.* 2014. http://gladinet.com/CloudEnterprise/QuickStart.aspx (Zugriff am 08. August 2014).

—. *Cloud Enterprise Technical White Paper.* 2014. http://gladinet.com/CloudEnterprise/TechWhitePaper.aspx (Zugriff am 08. August 2014).

gruenderszene.de. *Time-to-Market (TTM) Definition.* 2014. http://www.gruenderszene.de/lexikon/begriffe/time-to-market-ttm (Zugriff am 16. August 2014).

Halpert, Ben. „Auditing Cloud computing." S. 3. Hoboken, New Jersey: John Wiley & Sons Inc., 2011.

Harvard Research Group,. *Harvard Research Group.* 2014.
http://www.hrgresearch.com/ (Zugriff am 14. August 2014).

heise.de. *Große Server verkaufen sich immer schlechter.* 2014.
http://www.heise.de/ix/meldung/Grosse-Server-verkaufen-sich-immer-
schlechter-2127318.html (Zugriff am 10. August 2014).

—. *Vorsicht bei kostenlosen SSL-Zertifikaten.* 2005.
http://www.heise.de/newsticker/meldung/Vorsicht-bei-kostenlosen-SSL-
Zertifikaten-137817.html (Zugriff am 17. Augst 2014).

Hitachi. *Hitachi NAS Platform-Produktfamilie.* 2014.
http://www.hds.com/de/products/file-and-content/network-attached-storage/
(Zugriff am 13. August 2014).

ITWissen. *ITWissen.info.* 2014.
http://www.itwissen.info/definition/lexikon/Dark-Fiber-dark-fiber.html (Zugriff
am 02. September 2014).

Joos, Thomas. *pcwelt.de.* 2014.
http://www.pcwelt.de/ratgeber/Windows_Server_2012_R2_-
_Alle_Neuerungen_im_Ueberblick-Microsoft-8008538.html (Zugriff am 02.
September 2014).

Kappes, Martin. „Netzwerk- und Datensicherung." S. 163 - 186, 186 - 190,.
Wiesbaden: Springer Vieweg, 2013.

Kersken, Sascha. „IT-Handbuch für Fachinformatiker." S. 226 - 254, 286 -
287, 1106 - 1119. Bonn: Galileo Press, 2013.

Lhotka, Rockford. *Authentifizierung und Autorisierung.* 2004.
http://msdn.microsoft.com/de-de/library/bb978972.aspx (Zugriff am 08.
September 2014).

Lopez, Carola. „Online-Nutzung durch mobile Endgeräte deutlich gestiegen."
Bundesverband Digitale Wirtschaft (BVDW). Herausgeber: BVDW. 2014.
http://www.bvdw.org/mybvdw/media/download/bvdw-faszination-mobile-
2014.pdf?file=3180 (Zugriff am 17. August 2014).

Metzger, Christian, Thorsten Reitz, und Juan Villar. „Cloud-Computing -
Chancen und Risiken aus technischer und unternehmerischer Sicht." S. 3 -
11, 11 - 18, 27 - 47. münchen: Carl Hanser Verlag, 2011.

Microsoft. *Informationsblatt zum Lebenszyklus von Windows.* 2014.
http://windows.microsoft.com/de-de/windows/lifecycle (Zugriff am 13. August
2014).

NetApp. *Das Betriebssystem Clustered Data ONTAP.* 2014.
http://www.netapp.com/de/system/pdf-reader.aspx?cc=de&m=ds-3231-data-
ontap.pdf&pdfUri=tcm:30-125909 (Zugriff am 09. August 2014).

—. *Datenblatt NetApp FAS8000 Serie.* 2014.
http://www.netapp.com/de/system/pdf-reader.aspx?cc=de&m=ds-3546-0114-
de.pdf&pdfUri=tcm:30-119410 (Zugriff am 09. August 2014).

—. „Datenblatt NetApp Flash Cache." *netapp.com.* 2013.
http://www.netapp.com/de/system/pdf-reader.aspx?cc=de&m=ds-2811-
de.pdf&pdfUri=tcm:30-103731 (Zugriff am 09. August 2014).

—. „NetApp SnapMirror." *netapp.com.* 2009.
http://www.netapp.com/us/system/pdf-reader.aspx?m=snapmirror.pdf&cc=us
(Zugriff am 09. August 2014).

—. *NetApp Snapshot Technology.* 2011.
http://www.netapp.com/us/system/pdf-reader.aspx?cc=us&m=ds-
2477.pdf&pdfUri=tcm:10-61248 (Zugriff am 12. August 2014).

Pavel, Thomas. *Wie der Mittelstand Storage-Systeme optimieren kann.* 2014.
http://www.tecchannel.de/storage/management/2062213/wie_der_mittelstand
_storage_systeme_optimieren_kann/ (Zugriff am 18. August 2014).

Portnoy, Matthew, und Reinhard Engel. „Virtualisierung für Einsteiger." S. 19
- 41, 73 - 74, 235 - 259. Weinheim: WILEY-VCH Verlag, 2012.

qskills. *ST200c Clustered ONTAP Basics.* 2014.
http://qskills.com/qs/workshops/netapp/st200cclusteredontapbasics (Zugriff
am 16. August 2014).

—. *VI220 MS Hyper-V 2012 R2 - nativ.* 2014.
http://qskills.com/qs/workshops/microsoft/vi220mshyper-v2012r2-nativ
(Zugriff am 16. August 2014).

Radonic, Andrej. *Hyper-V und vSphere: Unterschiede im Management.* 2014.
http://www.tecchannel.de/server/virtualisierung/2051970/hyper_v_2012_ford
ert_vsphere_im_data_center_heraus/index5.html (Zugriff am 13. August
2014).

—. *Microsoft und VMware: Live Migration für alle.* 2014.
http://www.tecchannel.de/server/virtualisierung/2051970/hyper_v_2012_ford
ert_vsphere_im_data_center_heraus/index4.html (Zugriff am 13. August
2014).

—. *Netzwerkvirtualisierung optimiert Cloud-Fähigkeiten.* 2014. http://www.tecchannel.de/server/virtualisierung/2051970/hyper_v_2012_ford ert_vsphere_im_data_center_heraus/index2.html (Zugriff am 13. August 2014).

—. *VMwares technologischer Vorsprung schmilzt.* 2014. http://www.tecchannel.de/server/virtualisierung/2051970/hyper_v_2012_ford ert_vsphere_im_data_center_heraus/index3.html (Zugriff am 13. August 2014).

Sammer, Thomas, Andrea Back, und Thomas Walter. „Mobile Business - Management von mobiler IT in Unternehmen." S. 13 - 17. Zürich: buch & netz, 2014.

Schmeh, Klaus. „Kryptografie." S. 11 - 15, 39 - 42, 438 - 445, 505 - 507, 507 - 508. Heidelberg: dpunkt.verlag GmbH, 2013.

Schneider, Rainer. *73 Prozent aller Mobilgeräte in Firmen laufen mit iOS.* 2014. http://www.itespresso.de/2014/02/14/73-prozent-aller-mobilgeraete-in-firmen-laufen-mit-ios/ (Zugriff am 15. August 2014).

Schnelle-info.de. *Schnelle-info.de.* 2014. http://www.schnelle-online.info/Feiertage/Feiertage-2015.html (Zugriff am 04. September 2014).

Schreiner, Rüdiger. „Computernetzwerke." S. 144 - 145, 146. München: Carl Hanser Verlag, 2012.

Schwartzkopff, Michael. „Clusterbau: Hochverfügbarkeit mit Linux." S. 1 - 10, 19 - 24. Köln: O'Reilly Verlag, 2012.

SME. *Appliance Architecture Overview.* 2014. https://storagemadeeasy.com/files/22468dc341a4bd43271aa4b438c83ea7.p df (Zugriff am 14. August 2014).

—. „High Availability & Failover options." *SME.com.* 2014. https://storagemadeeasy.com/files/81d22173c69aeffd7cda65909dc73faa.pdf (Zugriff am 10. August 2014).

—. *Storage Made Easy on-site EFSS Feature List.* 2014. http://storagemadeeasy.com/wiki/cloudappliance/features/ (Zugriff am 12. August 2014).

speicherguide.de. *SAN, NAS oder DAS: was passt wann.* 2013. http://www.speicherguide.de/speichernetze/fc-san/san,-nas-oder-das-was-passt-wann-17001.aspx (Zugriff am 12. August 2014).

Spitz, Stephan, Michael Pramateftakis, und Joachim Swoboda. „Kryptographie und IT-sicherheit." S. 177 - 181. Wiesbaden: Viewer+Teubner Verlag, 2011.

Statista.com. *Prognose zu den Marktanteilen der Betriebssysteme am Absatz vom Smartphones weltweit in den Jahren 2014 und 2018.* 2014. http://de.statista.com/statistik/daten/studie/182363/umfrage/prognostizierte-marktanteile-bei-smartphone-betriebssystemen/ (Zugriff am 14. August 2014).

Steiner, René. „Grundkurs Relationale Datenbanken." S. 5 - 13. Wiesbaden: Springer Vieweg, 2014.

Strickland, Jonathan. *How Cloud Storage Works.* 2014. http://computer.howstuffworks.com/cloud-computing/cloud-storage.htm (Zugriff am 19. August 2014).

Symantec. *SSL-Zertifikate vergleichen.* 2014. http://www.symantec.com/de/de/page.jsp?id=compare-ssl-certificates (Zugriff am 11. August 2014).

Timm, Vollmer. „Der Einstieg in die Cloud: Ein Blick auf die Technik und die juristischen Grundlagen des Cloud Computings." S. 20 - 21. Hamburg: disserta, 2013.

Troppens, Ulf, Rainer Erkens, und Wolfgang Müller. „Speichernetze." S. 159 - 162, 209 - 211. Heidelberg: dpunkt.verlag, 2008.

VMware. *VMware Compatibility Guide - System Search.* 2014. http://www.vmware.com/resources/compatibility/search.php (Zugriff am 15. August 2014).

—. *VMware vSphere-Preise und Lizenzen.* 2014. http://www.vmware.com/de/products/vsphere/pricing.html (Zugriff am 11. September 2014).

Vollmer, Timm. „Der Einstieg in die Cloud." S. 24, 25, 26 - 27. Hamburg: disserta Verlag, 2013.

Vossen, Gottfried, Till Haselmann, und Thomas Hoeren. „Cloud-Computing für Unternehmen." S. 7 - 9, 13 - 15, 26 - 27, 30 - 32, 63 - 68, 75 - 77. Heidelberg: dpunkt.verlag, 2012.

Whitehead, E. James, und Yaron Y. Goland. „A network protocol for remote collaborative authoring." *University of California.* 2014.

http://www.ics.uci.edu/~ejw/papers/dav-ecscw.pdf (Zugriff am 17. August 2014).

Witt, Bernhard C. „Datenschutz kompakt und verständlich." S. 2 - 11. Wiesbaden: Vieweg + Teubner Verlag, 2010.

Zaffos, Stanley, Roger W. Cox, und Valdis Filks. *Gartner Magic Quadrant for General-Purpose Disk Arrays.* Herausgeber: Gartner. 2013. http://www.storagenewsletter.com/rubriques/market-reportsresearch/gartner-magic-quadrant-raid/ (Zugriff am 20. August 2014).

zeit.de. *NSA-Affäre: Geheim bleibt sowieso nichts mehr | Zeit online.* 2014. http://www.zeit.de/politik/deutschland/2014-07/nsa-spionage-geheimdienste-bundestag (Zugriff am 22. August 2014).

Zimmer, Dennis, Bertram Wöhrmann, Carsten Schäfer, Günter Baumgart, Urs Stephan Alder, und Marcel Brunner. „VMware vSphere 5.5." S. 334 - 338. Bonn: Galileo Press, 2014.

Zisler, Harald. „Computer-Netzwerke: Grundlagen, Funktionsweise, Anwendung." S. 272 - 273, 329 - 335. Bonn: Galileo Press, 2013.

www.ingramcontent.com/pod-product-compliance
Lightning Source LLC
La Vergne TN
LVHW092339060326
832902LV00008B/726